An Triail

Scagadh agus Nótaí Cuimsitheacha

Ardteist, Ardleibhéal

Diarmaid Ó Tuama

CJFallon
ESTABLISHED 1895

Foilsithe ag
CJ Fallon
Bloc B - Urlár na Talún
Campas Oifige Gleann na Life
Baile Átha Cliath 22

ISBN: 978-0-7144-1619-9

An Chéad Eagrán Aibreán 2006
An t-Eagrán seo Meán Fómhair 2020

Buíochas
Gabhaimid buíochas leo seo a leanas: An Gúm, foilsitheoirí an dráma
An Triail; Gael-Linn, a thug cead dúinn grianghraf de Chaitlín Maude,
príomhaisteoir an dráma (1964), a chur ar an gclúdach.

Clúdach: Caitlín Maude, príomhaisteoir an dráma (1964)

Clóbhuailte ag
Naas Printing Teoranta
An Nás
Co Cill Dara

Clár

Réamhrá

Is é 'An Triail' le Máiréad Ní Ghráda an dráma is mó cáil sa Ghaeilge. Léiríodh an dráma seo den chéad uair ar 22ú Meán Fómhair 1964 le linn Féile Amharclainne i Halla an Damer i mBaile Átha Cliath. Ba í Caitlín Maude, múinteoir, amhránaí agus file a ghlac páirt Mháire Ní Chathasaigh sa dráma. Ghlac an t-aisteoir cáiliúil, Fionnuala Ní Fhlannagáin, áit Chaitlín sa dráma tar éis roinnt oícheanta. Ba é 'An Triail' an t-aonú dráma déag de chuid Uí Ghráda a léiríodh ar an stáitse.

Dráma cróga, réabhlóideach a bhí ann ag an am sin. Tharraing téama agus ábhar an dráma – cailín óg soineanta a thit i ngrá le fear pósta, a bhí ina mháistir scoile, agus a d'éirigh torrach de bharr an chaidrimh neamhcheadaithe sin – aird an phobail agus aird na léirmheastóirí ar an dráma seo. Bhí an léirmheastóir iomráiteach, Harold Hobson, i láthair don chéad léiriú sin sa Damer agus scríobh sé léirmheas thar a bheith moltach air sa 'Sunday Times' ina ndúirt sé: "As soon as it (An Triail) began, it lit in me a candle of appreciation which was never put out."

Tá 'An Triail' bunaithe ar scéal cailín óig, Máire Ní Chathasaigh, atá ag iompar clainne de bharr an chaidrimh a bhí aici le Pádraig Mac Cárthaigh, fear pósta agus máistir scoile. Nuair a thagann sé chun solais go bhfuil sí ag iompar clainne, déantar í a imeallú agus a sheachaint agus bíonn uirthi imeacht go Baile Átha Cliath chun éalú ón gcéasadh agus ón gcúlchaint ina háit dúchais féin.

Is í tragóid an chailín shingil atá ag iompar clainne a léirítear dúinn sa dráma seo. Léirítear dúinn, ina theannta sin, an dearcadh cúng, bréagchráifeach, fímíneach a bhí ag daoine i leith cailíní mar Mháire ag an am sin. Ar ndóigh, bhí na mílte cailíní óga eile sa chás céanna le Máire ag an am sin in Éirinn agus caitheadh go dona leo freisin. Bhí orthu dul go Sasana chun éalú ón gcúngaigeantas nó dul isteach i dteach tearmainn éigin ar nós tithe níocháin Mhaigdiléana atá go mór i mbéal an phobail le blianta beaga anuas.

Thuig Máiréad Ní Ghráda an tionchar a bheadh ag an dráma seo ar phobal na hÉireann nuair a céadléiríodh é, ach sheas sí an fód go cróga in aghaidh lucht a cáinte. Thuig sí gur dráma conspóideach, dúshlánach a bhí ann agus go mbeadh tuairimí láidre ag an bpobal ina thaobh. Cé nach raibh Ní Ghráda ina bean óg ag an am sin tá sé rí-shoiléir go raibh aigne oscailte, thuisceanach, réabhlóideach aici agus nár leasc léi aghaidh a thabhairt ar ábhar den chineál seo.

Ardaítear ceisteanna móra móráltachta sa dráma. An tír chríostaí í Éire? An ionann creideamh agus Críostaíocht? Cé atá freagrach as tragóid Mháire? Í féin?

A leannán, Pádraig? A muintir? An Eaglais Chaitliceach? An chuid eile againn? Agus cé go n-ardaítear ceisteanna móra mar seo, ní fhreagraítear dúinn iad. Fágtar fúinne na ceisteanna a fhreagairt agus sracfhéacaintí á dtabhairt againn isteach inár gcroíthe agus inár n-anamacha féin. Agus sin ceann de na buanna is mó a bhaineann leis 'An Triail'. Fágtar fúinne, an lucht féachana, na ceisteanna crua a fhreagairt.

Baineann Ní Ghráda leas as teicnící réabhlóideacha drámaíochta sa dráma seo. Ar an ábhar sin tá 'An Triail' chun tosaigh ar gach ceann de na drámaí Gaeilge a bhí á gcumadh agus á léiriú ar an stáitse ag an am. An chéad teicníc a chleachtann sí ná teicníc na teilifíse. Tá 'An Triail' scríofa mar dhráma cúirte agus is geall le script teilifíse é ó thús deireadh. Is léir go raibh tionchar mór ag na drámaí teilifíse seo, a bhí suite sa chúirt, uirthi mar dhrámadóir agus úsáideann sí an teicníc nua seo go héifeachtach agus go drámata. Tugann an teicníc seo práinn agus drámatúlacht dochreidte don dráma. Greamaítear an lucht féachana de na heachtraí atá ag tarlú. Is féidir leo éisteacht leis an bhfianaise agus a n-aigne a dhéanamh suas ina taobh. Is féidir leo a bheith ar thaobh amháin nó ar thaobh eile de réir mar a théann an fhianaise i bhfeidhm orthu. Is féidir leo a bheith ina mbaill den ghiúiré agus Máire a fháil ciontach nó neamhchiontach ag deireadh an dráma. Tá an croscheistiúchán an-éifeachtach mar theicníc sa dráma seo. Dírítear aird an lucht féachana ar an bhfimíneacht (hypocrisy) agus ar an mbréagchráifeacht (false piety) atá chun tosaigh sa tsochaí as ar tháinig Máire. Cuirtear ceisteanna crua agus lorgaítear freagraí.

Baineann Ní Ghráda leas as teicníc an iardhearcaidh (flashback) freisin. Bímid de shíor ag dul ón aimsir láithreach go dtí an aimsir chaite sa dráma. Is teicníc an-éifeachtach í seo. Tugann sí diminsean nua-aimseartha, sofaisticiúil, diminsean na teilifíse, don dráma agus is é sin an fáth a bhfuil ar chumas daoine óga ionannú (identify) leis 'An Triail agus spéis a léiriú i bpearsana an dráma agus sa chinniúint atá i ndán dóibh.

Is léir go raibh tuiscint dhomhain ag Ní Ghráda ar cheird na drámaíochta Gaeilge mar gur chaith sí a saol ar fad ag gabháil di. Is dráma den scoth é 'An Triail' atá chomh práinneach, tráthúil inniu is a bhí sé an oíche ar céadléiríodh é sa Damer thiar in 1964. Beireann téama agus ábhar an dráma greim ar aigne an lucht féachana ón gcéad radharc go dtí an radharc deireanach. Ba mháistreás ceirde í Ní Ghráda, réabhlóidí agus duine a raibh tuiscint thar na bearta aici ar thréithe an duine dhaonna. Mairfidh a cáil mar dhrámadóir ar feadh i bhfad agus mairfidh an dráma 'An Triail' a fhad is a mhairfidh drámaíocht na Gaeilge.

An Dráma – 'An Triail' - i bhFoirm Scéil

Seo leagan simplí den dráma i bfhoirm úrscéil.

Bhí saol dian crua ag Máiréad Bean Uí Chathasaigh. Fuair a fear céile bás trí mhí sular <u>saolaíodh</u>[1] a hiníon, Máire, agus bhí beirt mhac aici chomh maith. D'oibrigh sí go dian, gan chabhair ó dhuine ar bith, chun <u>riaradh</u>[2] maith a thabhairt dá cuid páistí. Rinne sí obair iomlán na feirme agus obair an tí chomh maith.

Bean <u>thiarnúil</u>[3] <u>cheartaiseach</u>[4] a bhí inti. Thóg sí na páistí de réir rialacha na heaglaise. Deireadh sí an <u>Choróin Mhuire</u>[5] leo um thráthnóna agus bhí plean saoil leagtha amach aici do gach aon duine díobh. Bheadh Seán ina shagart, Máire ina bean rialta agus Liam, an mac ba shine, i mbun na feirme.

Ach bhí sí dian ar na páistí chomh maith. Bhí cailín ag Liam, i ngan fhios dá mháthair, agus bhíodh air sleamhnú amach an fhuinneog chun bualadh léi istoíche, agus a mháthair sa leaba. Beití de Búrca ab ainm di.

Maidir le Máire, an duine ab óige, ní bhíodh cead aici dul amach istoíche ar chor ar bith. Ní bhíodh cead aici fiú dul amach ag rince.

Cailín ciúin <u>támáilte</u>[6] ba ea Máire agus bhí áthas an domhain uirthi nuair a ligeadh di dul chuig rince sa teach scoile ar deireadh thiar.

Bhí sí ina suí ansin ina haonar nuair a tháinig Colm, an máistir rince, anall chuici. Chuir sé ceist uirthi an mbeadh sí sásta dul in airde ar an stáitse agus amhrán a chanadh. Cé go raibh <u>drogall</u>[7] uirthi é a dhéanamh chuaigh sí in airde ar an ardán agus chan sí an seanamhrán 'Siúil, a Ghrá' de ghuth binn aoibhinn.

Bhain an lucht éisteachta an-taitneamh as an amhrán agus thug siad bualadh bos mór di.

Mhol Colm go hard na spéire í agus dúirt sé leis an slua go mbeadh an rince 'Ionsaí na hInse' acu ansin.

"Níl tú ag rince, a Mháire," ar seisean. "Fan nóiméad agus gheobhaidh mé páirtnéir duit."

Ba ansin a cuireadh Máire in aithne do Phádraig Mac Cárthaigh, máistir nua, a bhí tagtha chun na scoile.

"Chonaic mé ag an Aifreann ar maidin thú," arsa Máire go cúthail.

"Chonaic tú ag an sean-armóin[8] mé," arsa Pádraig. "Sin an cineál saoil a bhíonn ag an máistir scoile - ag múineadh i rith na seachtaine agus ina shéiplíneach[9] gan ord[10] maidin Dé Domhnaigh."

Bhí bua na cainte[11] ag Pádraig agus mhol sé go mór í as an gcaoi ar chan sí an t-amhrán.

"An bhfuil tú ag baint taitnimh as an rince?" ar seisean.

"Ó, táim," arsa Máire. "Is annamh[12] a théim chuig na rincí. Ach lig mo mháthair dom teacht anocht toisc é a bheith ar siúl sa teach scoile. Tháinig mé anseo le mo dheartháir Liam - agus lena chailín, Beití de Búrca."

D'imigh Pádraig ansin chun deoch sú oráiste[13], an t-aon deoch amháin a bhí ar fáil san áit, a cheannach don bheirt acu. Agus é ar a bhealach ar ais chuig Máire, casadh an mháistreás scoile air agus bheannaigh sé di.

D'ól Pádraig agus Máire an sú oráiste.

"An ndéanfaidh tú rince liom?" arsa Pádraig, "Nó an gcaithfidh mé cead a fháil ó do mháthair - nó ó do dheartháir Liam?"

"Caithfidh tú a bheith foighneach[14] liom," arsa Máire. "Níl mórán taithí[15] agam ar na rincí."

"Cailín deas óg agus gan taithí aici ar rince!" ar seisean.

"Deir mo mháthair go mbeidh mé ag dul sna mná rialta," arsa Máire.

"Agus cad is dóigh leat féin?"

"Níl a fhios agam.!

Rinne Máire agus Pádraig damhsa le chéile. Ag deireadh na hoíche d'imigh Liam le Beití de Búrca agus chuaigh Máire agus Pádraig ag siúl le chéile.

Oíche Bhealtaine a bhí ann agus shuigh siad ar an droichead faoi sholas na gealaí.

Labhair Pádraig go <u>fileata</u>[16] <u>mealltach</u>[17] le Máire. Bhí sí <u>faoi gheasa</u>[18] aige. Mhol sé a háilleacht agus mhol sé an <u>draíocht</u>[19] a bhí aici ina dhá shúil.

"Tá tusa ag smaoineamh ar dhul sna mná rialta?"

"Sin é a deir mo mháthair."

D'inis Pádraig di ansin go raibh sé féin tamall ina <u>ábhar sagairt</u>[20], ach gur <u>tugadh bata agus bóthar dó</u>[21] nuair a rugadh air ag caitheamh toitín sa ghairdín.

"Fuair mé post múinteoireachta gan stró," ar seisean "agus phós mé go luath ina dhiaidh sin.

"Tá tú pósta!" arsa Máire.

D'inis Pádraig di ansin gur pósadh é trí mhí tar éis dó imeacht ón gcoláiste. D'inis sé di faoina bhean.

"Bhí rud éigin <u>neamhshaolta</u>[22] ag baint léi, a Mháire – cosúil leatsa," ar seisean, "ach ní raibh sí riamh in ann a bheith ina bean chéile cheart agam. Tháinig galar <u>doleigheasta</u>[23] uirthi."

"A Phádraig!"

Ar deireadh thiar dúirt Máire le Pádraig go mbeadh uirthi dul abhaile mar go bhfanfadh a máthair ina suí go dtí go bhfillfeadh sí…

Oíche amháin go gairid ina dhiaidh sin bhí Pádraig ag feitheamh go mífhoighneach ag an scoil. Ní raibh Máire tagtha fós. Faoi dheireadh tháinig sí agus <u>saothar uirthi</u>[24].

"Bhí orm fanacht sa bhaile go dtí gur imigh mo mháthair a luí," ar sise. "Tháinig mé an cúlbhealach, faoi mar a d'iarr tú orm a dhéanamh."

"Is mór an trua go bhfuil mise i mo mháistir scoile," arsa Pádraig. "Ba mhaith liom a bheith in ann a insint don saol mór go bhfuilimid i ngrá le chéile. Chaillfinn mo phost dá mbeadh a fhios ag an sagart paróiste gur tusa mo <u>leannán</u>[25]."

"Conas tá do bhean?" arsa Máire.

"Mar a bhíonn sí i gcónaí."

"Bím go minic ag ceapadh go bhfuilimid ag déanamh éagóra[26] uirthi," arsa Máire.

"Cuir an smaoineamh sin amach as d'aigne, a Mháire. Murach thusa[27] ní fhéadfainn fanacht léi. Tusa a thugann neart[28] dom fanacht léi."

D'inis Pádraig do Mháire ansin go raibh an chosúlacht ar an scéal go mbeadh an galar ar a bhean go deo.

"Beidh na blianta de phurgadóireacht[29] agam féin agus ag mo bhean," ar seisean.

"Pádraig bocht!" arsa Máire.

"Gabhaim buíochas le Dia gach maidin go bhfuil tusa agam, a Mháire," arsa Pádraig. "Abair arís go bhfuil tú i ngrá liom. Abair nach bhfágfaidh tú go deo mé."

Gheall Máire go mbeadh sí ina leannán aige go deo.

"Ní rud peacúil[30] ná gránna é seo atá ar siúl againn, a Mháire. Is rud beannaithe álainn é. Ach caithfidh sé a bheith ina rún[31]. Ná hinis d'éinne é. Ná luaigh m'ainm le héinne. Agus ná scríobh chugam ach oiread. Ó, nár bhreá an rud é dá bhféadfainn tú a phósadh."

Ansin bhain Pádraig an fáinne dá mhéar agus chuir sé ar mhéar Mháire é.

"Féach," ar seisean. "Leis an bhfáinne seo déanaim tú a phósadh. Anois! Is tú mo bhean chéile go deo."

Ghlac Máire leis an bpósadh bréagach sin agus gheall sí do Phádraig go mbeadh cúrsaí eatarthu ina rún go deo.

Bhí a coinsias[32] ag cur isteach chomh mór sin ar Mháire go ndeachaigh chun faoistine[33] go gairid ina dhiaidh sin.

Dúirt an sagart léi go gcaithfeadh sí fáil scaradh ón bhfear.

"Mura ngeallann tú dom i láthair Dé go scarfaidh tú leis," ar seisean, "ní bheidh mé in ann aspalóid[34] a thabhairt duit."

Ghlac Máire bhocht le focal an tsagairt agus d'imigh sí gan aspalóid.

Tráthnóna amháin, go gairid ina dhiaidh sin, bhí muintir an tí – an mháthair, Liam, Seán agus Máire – ar a nglúine sa chistin agus an Choróin Mhuire[35] á rá acu. Nuair a tháinig an mháthair a fhad leis na focail 'A Mhaighdean a gineadh gan peaca',[36] phreab Máire ina seasamh agus d'imigh sí amach an doras ag gol. Lean an mháthair í.

"A Mháire! A Mháire!" ar sise.

Chomh luath is a d'imigh an mháthair amach an doras rug Seán ar a chuid leabhar agus thosaigh sé ag staidéar. Maidir le Liam, an deartháir eile, rinne sé iarracht éalú amach an doras, ach d'fhill an mháthair agus chuir sí ceist air cá raibh sé ag dul. D'inis sé di go drogallach[37] go raibh sé ag dul chuig teach na mBúrcach.

"Aha," ar sise. "Tá tú ag iarraidh dul chuig Beití de Búrca. Droch-chríoch a bhíonn ar na cúrsaí sin, a mhic." Chuir sí ceist air an raibh tóir aige ar Bheití de Búrca.

"Níl aon tóir agam ar Bheití de Búrca," ar seisean.

"Féach," ar sise. "Ba é toil Dé[38] mise a fhágáil i mo bhaintreach[39]. Bhí orm a bheith i m'athair agus i mo mháthair ag an triúr agaibh. Ní dhearna mé failí[40] i mo dhualgas[41] daoibh riamh. Rinne mé neart íobairtí[42] chun tógáil suas[43] a thabhairt daoibh. Beidh Seán ina shagart, Máire ina bean rialta - agus tusa, a mhic, i mbun na feirme[44]."

D'imigh sí ar thóir[45] a hiníne ansin agus fágadh an bheirt mhac leo féin. Chuir Seán ceist ar Liam an raibh tóir aige ar Bheití de Búrca.

"Cén mhaith é," arsa Liam "agus mé faoi smacht ag mo mháthair?"

"Níl aon réasún le Mam," arsa Seán.

"Níl uaithi," arsa Liam, "ach go mbeidh na focail seo a leanas ar fhógra a báis: Máiréad Bean Uí Chathasaigh, máthair do Sheán Ó Cathasaigh, sagart paróiste, agus don Mháthair Columbán le Muire, mísiúnaí san Afraic."

Idir an dá linn tháinig an mháthair ar ais agus chuaigh sí go dtí seomra Mháire, féachaint an raibh sí ann.

Lean an bheirt mhac orthu ag caint.

"Ní dóigh liom go rachaidh Máire isteach sna mná rialta," arsa Liam.

"Tá Mam i bhfad ródhian uirthi," arsa Seán. "Ní bhíonn cead aici dul áit ar bith."

"Tá athrú mór tagtha ar Mháire le déanaí," arsa Liam. "Ní théann sí chun na Comaoineach ar an Domhnach – agus bíonn sí ag éalú amach an fhuinneog san oíche."

"Agus bíonn sí tinn go minic na laethanta seo," arsa Seán. "Bhí sí ag cur amach ar maidin. Dúirt sí liom gan aon rud a rá le Mam."

Chuala an mháthair an chuid sin den chomhrá agus í ar a bealach ar ais ón seomra. Thosaigh sí ag cur ceisteanna ar Sheán agus <u>d'admhaigh</u>[46] seisean go mbíodh Máire tinn ar maidin agus nach raibh sí ag dul chun na Comaoineach a thuilleadh.

Tar éis tamaillín tháinig Máire isteach agus chuir an mháthair ceist uirthi cá raibh sí.

"Áit ar bith," ar sise.

"Cé a bhí in éineacht leat?" arsa an mháthair.

"Ní raibh aon duine romham ag an <u>ionad coinne</u>[47]," arsa Máire.

Thosaigh an mháthair <u>ag cur di</u>[48] ansin. Ina dhiaidh sin dúirt sí go raibh sí ag dul chuig a seomra chun a paidreacha a chríochnú agus chun iarraidh ar Dhia cabhrú léi a cros a iompar. Dúirt sí le Seán gurbh eisean an t-aon duine amháin sa chlann a raibh <u>muinín</u>[49] aici as agus d'iarr sí air an solas a mhúchadh nuair a bheadh sé críochnaithe lena chuid oibre.

Labhair Liam le Máire:

"Tá an oíche <u>loite</u>[50] agat orm," ar seisean.

An lá ina dhiaidh sin bhí Máire sa chistin. Tháinig an mháthair agus <u>babhla</u>[51] ina láimh aici. D'iarr sí ar Mháire deoch a ól as an mbabhla leighis. Dhiúltaigh Máire agus chaith sí uaithi é.

Rug an mháthair uirthi agus thosaigh sí <u>á croitheadh</u>[52].

"Inis dom cé hé an fear," ar sise. "Ní hamháin go bhfuil tú ceanndána[53], ach tá tú mígheanmnaí[54] freisin. Caithfidh tú an fear sin a phósadh agus imeacht go Sasana leis. Beimid náirithe ar fud an pharóiste. Ní bheidh cead ag Seán dul go Maigh Nuad."

Díreach ansin tháinig Seán agus Liam isteach agus thug siad an mháthair amach as an seomra leo. Chas an mháthair agus dúirt:

"Mallacht Dé ar an bhfear sin agus ortsa, a…striapach[55]."

Bhí ar Mháire bhocht an teach a fhágáil ansin agus aghaidh a thabhairt ar chathair Bhaile Átha Cliath ina haonar. Níorbh fhada ansin di go bhfaca sí fógra sa nuachtán agus 'cúntóir tís[56]' á lorg ann.

Bean Uí Chinsealaigh (an 'Bhean Uasal') as an Ráth Garbh a chuir an fógra sa pháipéar. Bhí cúigear clainne uirthi, cé nár luaigh sí é sin ar an bhfógra. Ní raibh teastas ná litir mholta ar bith ag Máire, ach d'fhostaigh Bean Uí Chinsealaigh í. Thug sí dhá phunt is deich scilling sa tseachtain di, cé go ndúirt sí san fhógra go mbeadh sí ag íoc ceithre phunt.

D'fhan Máire sa teach sin ar feadh ráithe[57] agus bhí Bean Uí Chinsealaigh an-sásta le caighdeán[58] a cuid oibre. Faoi mar a dúirt an bhean féin, bhí Máire sásúil, gan locht, macánta, dícheallach[59], ciúin agus dea-bhéasach[60]. Bhí na páistí ceanúil[61] uirthi freisin.

Tar éis trí mhí, áfach, thug Bean Uí Chinsealaigh faoi deara go raibh Máire ag éirí trom. Bhí sí ag iompar clainne[62]. Díreach cosúil le máthair Mháire, níor mhaith léi go mbeadh a fhios sin ag na comharsana. Níor mhaith léi a hiníonacha a bheith i gcuideachta[63] a leithéid de chailín ach oiread. Chomh maith leis sin bhí imní uirthi i dtaobh na cainte a bheadh ar siúl ag na cailíní eile ar scoil nó fiú ag na mná rialta.

Níor mhaith le Bean Uí Chinsealaigh an bhean óg a chaitheamh amach ar thaobh na sráide. Dá bhrí sin, gan aon cheist a chur ar Mháire, chuir sí fios ar chara dá cuid féin, a bhí ina hoibrí sóisialta – Áine Ní Bhreasail.

Bhuail an t-oibrí sóisialta, isteach chucu lá. Ba í Máire a d'fhreagair an doras. D'ól an bheirt bhan tae le chéile agus thosaigh siad ag caint.

"Ar thug tú rud ar bith faoi deara nuair a d'oscail an cailín aimsire[64] an doras duit?" arsa Bean Uí Chinsealaigh.

"Níor thug," arsa an t-oibrí sóisialta.

"Bhuel, tá rud le tabhairt faoi deara," arsa Bean Uí Chinsealaigh. "Níl a fhios ag m'fhear céile faoi go fóill. Agus tá meas mór aige uirthi. Ach caithfidh sí imeacht sula dtarraingeoidh sí náire orainn. Aon seans go bhféadfása tearmann[65] a fháil di áit éigin?"

Dúirt an tOibrí Sóisialta go gcuirfeadh sí agallamh ar Mháire.

Dá bhrí sin, ghlaoigh Bean Uí Chinsealaigh ar Mháire agus d'fhág sí féin an seomra. Chuir Iníon Uí Bhreasail ceist ar Mháire cén sloinne[66] a bhí uirthi. D'inis Máire bréag:

"Ó…a…Ní Bhriain. Máire Ní Bhriain." ar sise.

"Cad as duit, a Mháire?"

"Cad é sin duitse?"

D'fhiafraigh Iníon Uí Bhreasaíl de Mháire ansin an raibh a máthair beo.

"Cén fáth a bhfuil tú ag cur an méid sin ceisteanna orm?" arsa Máire.

Mhínigh Iníon Uí Bhreasaíl ansin di gur oibrí sóisialta a bhí inti.

"Agus ar chuir bean an tí fios ort?" arsa Máire.

Níor fhreagair Iníon Uí Bhreasaíl an cheist, ach dúirt sí le Máire go mbeadh uirthi imeacht ón teach.

"Imeoidh mé láithreach, mar sin," arsa Máire.

"Féach, a Mháire, nach rachfá abhaile chuig do mhuintir féin?"

"B'fhearr liom mé féin a bhá[67] san abhainn," arsa Máire.

"Cad mar gheall ar do mháthair?"

"Is beag aithne atá agatsa ar mo mháthair."

"Féach," arsa Iníon Uí Bhreasaíl, "Cabhróidh mise leat áit éigin a fháil go dtí go mbeidh do chuid trioblóide curtha díot agat." Agus rinne sí casacht bheag le linn di na focail 'do chuid trioblóide' a rá.

D'inis sí di faoin Teach Tearmainn ansin. Gheobhadh sí lóistín ann, mar aon le bia, aire dhochtúra agus banaltracht.

"Beimid in ann post a fháil duit ina dhiaidh sin," ar sise, "agus beidh tú in ann dearmad a dhéanamh ar na cúrsaí truamhéalacha[68] seo."

Thug Bean Uí Chinsealaigh fógra seachtaine do Mháire agus d'imigh sí go dtí an Teach Tearmainn, áit a raibh an leanbh aici. Bhaist[69] sí Pádraigín uirthi, i gcuimhne ar a hathair.

A fhad is a bhí Máire sa Teach Tearmainn bhí sí ciúin dea-bhéasach agus níor labhair sí mórán le haon duine.

Lá amháin bhí na mná ag obair sa seomra níocháin – Pailí, Dailí, Nábla agus Mailí, an striapach. Bhí siad ag iarnáil agus ag filleadh[70] éadaigh agus á chur i gciseáin[71]. Bhí cuid mhaith cainte ar siúl acu agus iad ag spochadh as a chéile[72]. Bhí Máire ina suí ar leataobh[73] agus í ag fuáil[74].

Tar éis tamaill chuala siad fear ag teacht agus rith siad go dtí an fhuinneog. Ní raibh ann ach Seáinín an Mhótair, fear a bhailíodh éadach ón áit ó am go chéile. Ní raibh Seáinín ina fhear ceart, dar leis na mná! Ach chuir siad fáilte mhór roimhe, mar ní rómhinic a thugadh fear ar bith cuairt orthu. Chuir siad ceist air an raibh scéal nua ar bith aige ón gcathair. Scannal[75]? Nó dúnmharú[76]? Nó tubaiste[77]?

D'impigh[78] na mná air fanacht ina gcuideachta ar feadh tamaill.

"Ní fheicimid fear ar bith ó cheann ceann na seachtaine," arsa Mailí. "Táimid cosúil le clochar ban rialta[79]."

"Is sibhse na mná rialta nár bheannaigh Dia ná duine," arsa Seáinín.

Ansin thug sé Máire faoi deara. Í ina suí amuigh ar leataobh ina haonar.

"Cé hí seo?" ar seisean, "Cailín deas tusa. Tá tú mar nóinín i measc na neantóg[80]."

Lean an chaint ghreannmhar[81] ar feadh tamaill agus dúirt Seáinín go gcaithfeadh sé imeacht. É sin nó bheadh an mátrún[82] ar buile. Ansin thosaigh na mná ag canadh le chéile agus ag spochadh as[83] Seáinín.

'Elvis Presley na nGael' a thug siad air.

Tar éis tamaillín d'imigh Seáinín.

"Tá tusa an-chiúin," arsa Pailí le Máire.

"Níl aon ní le rá agam," arsa Máire.

"Sin é an uair is mó is ceart caint a dhéanamh," arsa Mailí agus d'inis sí do Mháire go raibh altramaithe[84] faighte aici dá leanbh féin agus go mbeadh sí ag imeacht i gceann cúpla lá.

"Cad is altramaí ann?" arsa Máire.

"Ó, nach glas an breac tú![85]" arsa Mailí. "Duine an-tábhachtach is ea an t-altramaí."

Mhínigh Pailí do Mháire ansin céard is altramaí ann: lánúin chreidiúnach[86] pósta nach bhfuil páistí dá gcuid féin acu atá sásta páiste mná eile a thógáil.

"Cé hiad na haltramaithe atá faighte agatsa, a Mháilí?" arsa Máire.

Dúirt Mailí nach raibh a fhios aici – agus gur róchuma léi.

"Riail de chuid na haltramachta gan an t-eolas sin a bheith ag an máthair," ar sise.

Bhí idir ionadh agus alltacht[87] ar Mháire nuair a chuala sí é sin.

"Ní bheidh a fhios agat conas a iompóidh do leanbh amach[88]," ar sise, "nó cé acu beo nó marbh é? Cén dochar, ach leanbh chomh gleoite[89] leis!"

"Éist do bhéal, a óinsín," arsa Mailí agus fearg uirthi.

D'inis Mailí dóibh ansin go bhfuair an tOibrí Sóisialta post di mar 'chúntóir tís'. Le Bean Uí Chinsealaigh a bheadh sí ag obair. Bheadh sí ag imeacht lá ar bith anois, ach ní ghlacfadh sí leis an bpost sin.

"Tá slite níos boige[90] chun airgead a shaothrú[91]," ar sise.

"Agus ní fheicfidh tú do leanbh go deo arís," arsa Máire.

15

"Éist do bhéal," arsa Mailí.

D'inis Nábla dóibh go mbeadh sise ag imeacht i gceann seachtaine. Cailleadh a leanbhsa.

"Bhí an t-ádh air, an bastairdín bocht," ar sise.

Lean Máire uirthi ag caint faoi leanbh Mhailí. Bhí fearg ag teacht ar Mhailí. "Tá rudaí ann nach ndéantar caint fúthu," ar sise.

Thosaigh Máire ag ceistiú Mhailí i dtaobh na hoibre a bheadh aici nuair a d'imeodh sí.

Chaoch Mailí súil[92] leis na cailíní eile agus dúirt sí go mbeadh post aici i monarcha agus go mbeadh árasán dá cuid féin aici. Bheadh sí ag tuilleadh punt sa ló, an Domhnach san áireamh.

Bhí ionadh ar Mháire go mbeadh Mailí ag obair ar an Domhnach.

"Óinsín[93] cheart thú," arsa Mailí, "ach tá mé ceanúil[94] ort." Agus dúirt sí go mbeadh cead ag Máire teacht chun í a fheiceáil nuair a d'imeodh sí ón Teach Tearmainn agus go mbeadh sí ábalta í a fheiceáil i mbun oibre.

Tamall ina dhiaidh sin chuala siad clog an tae, díreach agus an t-oibrí sóisialta ag teacht. "Aine an Bhéil Bhinn" a thugadh na cailíní uirthi. Ní raibh meas madra acu uirthi. D'éalaigh Mailí agus na cailíní eile as an seomra.

Ba le Máire a fheiceáil a tháinig Iníon Uí Bhreasail.

"Tá dea-scéal agam duit," ar sise. "Tá cead agat filleadh ar theach Bhean Uí Chinnsealaigh – ó tá do chuid trioblóide curtha díot agat." Agus rinne sí casacht bheag.

"Agus cad mar gheall ar m'iníon?" arsa Máire.

D'inis Iníon Uí Bhreasaíl di go raibh 'daoine creidiúnacha[95] maithe' faighte aici chun aire a thabhairt don leanbh.

"Post buan[96] ag an bhfear agus tuarastal maith aige freisin!" ar sise. "Ní fhaca siad d'iníon fós, ach beidh siad sásta léi. Deir an dochtúir gur cailín beag sláintiúil í. Scrúdaigh sé inné í… Níl le déanamh agat anois ach na cáipéisí[97] a shíniú agus beidh na tuismitheoirí ábalta í a thabhairt leo," arsa Iníon Uí Bhreasail.

"Is mise a máthair," arsa Máire. "Níl aon tuismitheoir eile aici. Ba mhaith liom í a fheiceáil ag fás, gúnaí deasa a dhéanamh di, í a ghléasadh go péacógach[98]."

"Ach caithfidh tú smaoineamh ar leas[99] do linbh," arsa Iníon Uí Bhreasail. "Ní bheidh sí ach mar bhábóg agat."

"An mbeadh Bean Uí Chinsealaigh sásta an bheirt againn a bheith le chéile sa teach aici?" arsa Máire.

Dúirt an t-oibrí sóisialta go raibh iníonacha dá cuid féin ag Bean Uí Chinsealaigh. Ní fhéadfadh bean chreidiúnach mar í 'leanbh tabhartha'[100] a ligean i measc a páistí féin.

"Agus an ndéanfadh m'iníonsa trualliú[101] ar a cuidsean?" arsa Máire.

"Féach," arsa Iníon Uí Bhreasail, "Bíodh ciall agat. Níl le déanamh agat nuair a thiocfaidh an dlíodóir ach na cáipéisí a shíniú agus beidh tú saor."

"Ní chuirfidh mise m'ainm le haon cháipéis a thógfadh uaim mo leanbh," arsa Máire. "Gheobhaidh mé post i monarcha agus gheobhaidh mé árasán."

"Is duine stuacach[102] ceanndána[103] thú," arsa Iníon Uí Bhreasail.

Tamall tar éis di imeacht ón Teach Tearmainn chuaigh Máire go dtí monarcha áitiúil ar thóir oibre. Dúirt sí leis an mbainisteoir gur bhaintreach í agus go raibh páiste óg aici. Bean Uí Laoire a thug sí uirthi féin!

Tharla go raibh post páirtaimseartha ar fáil sa mhonarcha, mar bhí an bhean ghlantóireachta tinn. Fuair Máire post ag glanadh na leithreas agus chaith an bainisteoir go réasúnta fial[104] léi. Thug sé trí phunt in aghaidh na seachtaine di, cé gurbh é dhá phunt agus deich scillinge an gnáthráta pá. Ní hamháin sin, ach ní bhíodh sí ag obair ach ar feadh deich n-uaire an chloig sa tseachtain.

D'éirigh le Máire lóistín réasúnta maith a fháil freisin. Fuair sí seomra ar cíos, a chosain cúig scilling déag sa tseachtain. Anuas air sin thugadh sí cúig scilling bhreise do bhean an tí chun aire a thabhairt don leanbh i rith an lae. Ní fhágadh sé sin ach dhá phunt ag Máire chun í féin agus an leanbh a chothú[105]. Ach lean sí ar aghaidh go foighneach dícheallach[106].

Is dócha go raibh saol dian ag bean an tí chomh maith, mar bhí cúigear clainne uirthi agus bhí a fear céile as obair le bliain roimhe sin.

17

D'fhan Máire ag obair sa mhonarcha sin ar feadh ráithe agus bhí an bainisteoir an-sásta ar fad lena cuid oibre. Ní hamháin sin, ach cheannaigh na hoibrithe bronntanas di agus thug an bainisteoir féin bronntanas airgid di freisin.

Tharla timpiste uafásach i mí an Mhárta, áfach. Thit an teach, a raibh Máire ina cónaí ann, anuas ar a raibh istigh ann. Bhí Máire féin amuigh ag an am. Bhí bean an tí sa chistin ag ullmhú an dinnéir. Rug sí ar na leanaí agus rith sí amach ar an tsráid.

Bhí ruaille buaille agus dul trí chéile ar an tsráid faoin am sin. Chuir duine éigin fios ar an m<u>briogáid dóiteáin</u>[107].

Tar éis tamaill tháinig Máire.

"Cad a tharla?" ar sise. "Mo leanbh? Pádraigín! Cá bhfuil mo leanbh?"

"An leanbh!" arsa an bhean lóistín. "Rinne mé dearmad glan ar an leanbh."

<u>In ainneoin</u>[108] iarrachtaí na gcomharsan cosc a chur ar Mháire, chuaigh sí isteach sa teach agus rith sí suas staighre. Bhí an t-ádh dearg uirthi. Ní raibh an leanbh marbh, ach í ina luí sa phram faoi <u>chlár adhmaid</u>[109] a thit trasna an tseomra agus a bhí <u>frapáilte</u>[110] i gcoinne an bhalla.

Níor thug duine ar bith de na comarsana <u>'bheith istigh'</u>[111] do Mháire ná dá hiníon, ach fágadh ina suí ar thaobh na sráide í, an leanbh <u>lena baclainn</u>[112].

Tar éis tamaill tháinig Seáinín an Mhótair ar an láthair. Bhí idir ionadh agus déistin air, nuair a thug sé faoi deara nár thug duine ar bith bheith istigh don bhean bhocht ná don leanbh.

"Agus níor thug aon duine bheith istigh di," ar seisean leis na mná a bhí ina seasamh ar leataobh.

Dúirt siadsan nach raibh aithne acu ar Mháire, gur strainséir í, go raibh sí míchairdiúil, go raibh sí mór inti féin – agus gan aici ach leanbh tabhartha.

"Is mór an náire é," arsa Seáinín, "go bhfuil sí fágtha ina suí ansin ar thaobh na sráide. Nach féidir le duine ar bith bheith istigh a thabhairt di?"

"Ba chóir don bheirt acu a bheith san ospidéal," arsa na mná.

"Cé a deir gur tír chríostaí í seo?" arsa Seáinín.

Chuaigh Seáinín anonn go dtí an bhean agus an leanbh. Ba ansin a d'aithin sé Máire. Labhair sé go cineálta[113] léi.

"Agus na mná sin ag faire ort[114] agus gan barr méire á ardú ag aon duine acu chun fóirithint ort[115]," ar seisean. "Tabharfaidh mise pé áit is mian leat sibh i mo charrsa."

Tháinig Mailí orthu ansin. D'aithin sí Máire.

"Tógaimis í chun mo thí-se," ar sise.

Rinne Mailí iarracht an leanbh a thógáil ón máthair, ach ní scarfadh sí léi.

Ar deireadh thiar d'imigh an ceathrar acu sa charr – Seáinín, Mailí, Máire agus Pádraigín.

Chuaigh Máire agus a hiníon chun cónaithe i dteach Mhailí, an striapach, ina dhiaidh sin. Chaith Mailí go deas cineálta leo a fhad is a bhí siad ann. Ní raibh pingin rua ag Máire, mar chaill sí a raibh aici sa tine. Thug Máire togha na haire[116] dá hiníon agus níor lig sí as a radharc riamh í. Thug Mailí seomra dá cuid féin do Mháire.

Lá amháin tháinig Mailí isteach chuig Máire, buidéal bainne aici agus ceaintíní bia.

"Croith suas tú féin," ar sise. "Agus ná bí suite ansin i gcónaí ag déanamh trua duit féin."

"Más ag clamhsán[117] atá tú," arsa Máire "Imeoidh mé féin agus an leanbh láithreach."

"Ó, níl mise ag déanamh mórán duit," arsa Mailí, "ach caithfidh tú féachaint romhat. Ba chóir go gcabhródh athair an linbh libh."

"B'fhearr liom bás a fháil den ghorta[118]," arsa Máire.

"An rachfá ar ais ag obair sa mhonarcha?"

"Bheadh eagla orm go dtarlódh aon rud do Phádraigín fad a bheinn amuigh. Ba mhaith liom súil a choimeád uirthi go dtí go mbeidh sí níos crua."

"Bhuel, bheadh bean an tí sásta seomra a thabhairt duit saor ó chíos[119] ach an teach a choimeád glan di. Agus déarfainn go mbeadh na lóistéirí[120] sásta cúpla scilling in aghaidh na seachtaine a thabhairt duit."

"Bheadh sé sin go hiontach," arsa Máire. "Is aingeal tú, a Mhailí."

"Aingeal dubh mé, go bhfóire Dia orm!" ar sise. "Agus cá bhfios ach go bhfaighfeá fear breá i measc na bhfear a thagann go dtí an teach seo a phósfaidh tú."

"Ná habair é sin."

Lá amháin, go gairid ina dhiaidh sin, casadh Máire agus Colm, an máistir rince, ar a chéile sa tsráid. Thug seisean cuireadh di cupán caife a ól leis sa bhialann a bhí in aice láimhe. D'ordaigh sé cupán caife an duine don bheirt acu. D'inis Máire dó go raibh sí sa chathair le bliain.

"Bhí mé ag cur do thuairisce[121] nuair a bhí mé sa bhaile um Nollaig," arsa Colm, "ach ní raibh a fhios ag na comharsana cá raibh tú. Shíl mé go raibh tú sna mná rialta. Chonaic mé do dheartháir, Seán. Oireann an t-éadach dubh go breá dó. Cloisim go bhfuil an deartháir eile ag cuimhneamh ar phósadh."

"An bhfuil?" arsa Máire. "Níor chuala mé… Níor inis sé dom é… ina litir… Cé hí an cailín?"

"Duine de na Búrcaigh," ar seisean, "ach éist, an dtiocfá ag rince liom anocht?"

D'inis Máire dó go mbeadh sí gnóthach[122] an oíche sin – agus an oíche ina dhiaidh sin chomh maith.

Nuair a d'inis Máire do Cholm nach raibh buachaill ar bith sa chathair aici bhí ionadh air nach raibh buachaill ag cailín a bhí 'chomh mealltach'[123] léi. D'inis sé di go raibh sé an-tógtha léi[124] an oíche ar chuir sé Pádraig Mac Cárthaigh in aithne di.

"Conas…conas tá Pádraig?" ar sise. "An bhfuil aon fheabhas ar a bhean?"

D'inis Colm di go raibh Pádraig 'lán de cheol'[125] agus go bhfuair a bhean bás mí tar éis do Mháire imeacht. Bhí ionadh ar Cholm nach raibh an t-eolas sin ag Máire.

"Tá Pádraig ag tóraíocht[126] na gcailíní anois," ar seisean. "Sílim go bhfuil an-suim ag an máistreás óg ann."

Ghabh Máire a leithscéal le Colm ansin agus d'imigh sí gan an cupán caife a ól. Chaith Colm roinnt airgid ar an mbord agus d'imigh sé.

Tamall ina dhiaidh sin bhí Máire ina suí ag an mbord ina seomra féin agus í in ainm is a bheith ag scríobh litreach:

"A Phádraig, a chroí liom," ar sise, "ní féidir liom a bhfuil i mo chroí duit a scríobh ar pháipéar. Dúirt tú liom gan scríobh chugat, gan d'ainm a lua. Is mise do bhean agus caithfidh mé rud a dhéanamh ort[127]. Ní scríobhfaidh mé chugat, mar tá a fhios agam go dtiocfaidh tú chugam. Tiocfaidh tú go luath."

<hr>

Chuala Máire guth fir thíos staighre. Pádraig Mac Cárthaigh a bhí ann, ach ní raibh a fhios sin aici.

"Ná téigh suas an staighre sin. Is fuath liom staighrí," arsa Pádraig.

Tháinig Mailí isteach agus d'inis sí do Mháire gur casadh beirt fhear sa tsráid uirthi. D'iarr sí uirthi labhairt le duine acu – fear breá galánta – máistir scoile. D'imigh Mailí agus tháinig Pádraig isteach. Bhí sé beagán ólta.

"Cé thusa? Hé!" ar seisean. "Tá aithne agam ortsa! Tusa Máire Ní Chathasaigh!"

"Ó, a Phádraig, bhí a fhios agam go dtiocfá!"

D'inis sí dó gur fhulaing sí a lán ó bhí siad le chéile agus gur thit an teach uirthi féin agus ar Phádraigín.

"Pádraigín?"

"Ní fhéadfainn gan Pádraigín a bhaisteadh[128] uirthi - ar m'iníon agus d'iníonsa," ar sise.

"M'iníonsa? A Chríost! M'iníonsa!"

D'inis sí dó gur leanbh álainn í. Dúirt sí go ndúiseodh sí an leanbh le go bhféadfadh Pádraig breathnú uirthi.

"Ná déan," ar seisean. "Ní theastaíonn uaim í a fheiceáil."

"Ach, is leatsa í. Chuir tú fáinne ar mo mhéar: 'Leis an bhfáinne seo déanaim tú a phósadh,' a dúirt tú."

D'inis Pádraig di go raibh sé pósta le sé mhí. Phós sé an mháistreás scoile!

Ba ansin a thit an leathphingin[129].

"Ní chun mise a fheiceáil a tháinig tú anseo," arsa Máire. "Tháinig tú le Mailí – go teach an mhí-chlú[130]. Mheall[131] tú an bhean eile, mar a mheall tú mise, agus bhí ort í a phósadh."

"Ní fíor é sin," arsa Pádraig.

"Ní fearr í ná mise," arsa Máire.

"Is beag is ionann sibh[132] – a striapach," arsa Pádraig.

Tháinig Colm agus Mailí isteach ansin. Bhí buidéal ag Colm. Thosaigh sé ag moladh Phádraig:

"Fear fáidhiúil[133] é Pádraig. Fear fuinniúil[134] groí[135]. Bean á cur[136] agus bean á pósadh in aon bhliain amháin aige. Ólaimis a shláinte agus sláinte gach aon óinsín tuaithe[137] ar leor focal bog bladrach[138] chun í a mhealladh."

D'aithin Colm Máire ansin.

"A Phádraig, seo Máire Ní Chathasaigh, féach!" ar seisean.

"Téanam ort as seo[139]," arsa Pádraig.

D'imigh Mailí agus na fir ansin.

Go gairid ina dhiaidh sin, agus í ina seomra féin thuas staighre, mhothaigh Mailí boladh gáis ag teach aníos an staighre. Síos léi go dtí seomra Mháire. Bhí cúisíní sáite[140] faoin doras agus píosa ceirte[141] sáite i bpoll na heochrach. Bhí sí ródhéanach. Bhí ceann an linbh sáite san oigheann[142] ag Máire agus bhí cosa an linbh fáiscthe lena hucht féin aici. Bhí an bheirt acu marbh.

"Ní ligfeadh sí an leanbh a dhul uaithi i ndorchacht na síoraíochta[143] gan í féin a dhul in éineacht léi," arsa Mailí nuair a bhí sí os comhair na cúirte ina dhiaidh sin.

Bhí cuid de lucht aitheantais[144] Mháire i láthair nuair a cuireadh Máire san uaigh. Is iad seo a leanas na rudaí a dúirt siad:

Máthair Mháire: "Ná féachaigí ormsa. Thóg mise í go creidiúnach[145] agus go críostúil."

Seán: "Náirigh sí sinn. Bhí orm éirí as an tsagartóireacht. Ní fhéadfainn aghaidh a thabhairt ar mo chomrádaithe sa choláiste."

Liam: "Bhris Beití an cleamhnas. Ní raibh sí in ann an phoiblíocht[146] a sheasamh."

Bainisteoir na Monarchan: "Chuir mise ag glanadh na leithreas í. Ach caithfidh duine éigin an obair sin a dhéanamh."

Bean Uí Chinsealaigh: "Ní fhéadfainn í a choimeád sa teach. Cad a déarfadh na comharsana?"

An tOibrí Sóisialta: "Rinne mé mo dhícheall. Bhí sí stuacach ceanndána[147]. Ní scarfadh sí leis an leanbh."

Seáinín an Mhótair: "Bhris sí na rialacha. An té a bhriseann rialacha an chluiche cailltear ann é."

Mailí: "Bhí sí dílis don fhear a bhréag í. Thug sí an rún isteach san uaigh léi. Ba chóir go mbeadh aithreachas[148] ar an bhfear sin."

D'imigh Pádraig ón reilig gan oiread is focal a rá.

Gluais

1.	was born	39.	widow
2.	rearing/upbringing	40.	neglect
3.	domineering	41.	duty
4.	self-righteous	42.	many sacrifices
5.	Rosary	43.	upbringing
6.	shy	44.	in charge of the farm
7.	reluctance	45.	in pursuit of
8.	harmonium	46.	admitted
9.	chaplain/curate	47.	place agreed (for a date)
10.	unordained	48.	giving out
11.	the 'gift of the gab'	49.	trust
12.	seldom	50.	spoiled
13.	orange juice	51.	bowl
14.	patient	52.	shaking her
15.	experience	53.	stubborn
16.	poetically	54.	unchaste
17.	enticingly	55.	prostitute
18.	under a spell	56.	domestic assistant
19.	magic	57.	three months
20.	student for the priesthood	58.	standard
21.	he was expelled	59.	hard-working
22.	unearthly/ethereal	60.	good-mannered
23.	incurable	61.	fond (of)
24.	she was out of breath	62.	pregnant
25.	lover	63.	in the company of
26.	injustice	64.	maidservant
27.	only for you	65.	place of refuge
28.	strength	66.	surname
29.	suffering	67.	to drown
30.	sinful	68.	sad/lamentable
31.	secret	69.	christened
32.	conscience	70.	folding
33.	to confession	71.	baskets
34.	absolution	72.	teasing each other
35.	Rosary	73.	to one side
36.	born without sin	74.	sewing
37.	reluctantly	75.	scandal
38.	God's will	76.	murder

77.	disaster	115.	to help you
78.	begged	116.	the best of care
79.	a convent of nuns	117.	complaining
80.	a daisy among the nettles	118.	famine
81.	funny	119.	free from rent
82.	matron	120.	lodgers
83.	teasing	121.	enquiring about you
84.	foster parents	122.	busy
85.	aren't you the green trout!	123.	attractive
86	a respectable couple	124.	very impressed with her
87.	astonishment	125.	full of life
88.	how your child will	126.	looking for/chasing
	turn out	127.	to do as you wish
89.	beautiful	128.	to christen
90.	easier ways	129.	the (half)penny dropped
91.	to earn	130.	the house of ill-repute
92.	Mailí winked	131.	enticed/deceived
93.	little fool	132.	there is very little
94.	fond (of)		similarity between you
95.	respectable	133.	wise
96.	permanent	134.	energetic
97.	documents	135.	vigorous
98.	fancy	136.	bury
99.	benefit	137.	country fool (female)
100.	illegitimate	138.	flattering
101.	contamination	139.	let's get out of here
102.	sulky	140.	shoved/squeezed
103.	stubborn	141.	a piece of a rag
104.	reasonably generously	142.	oven
105.	to support	143.	into the darkness
106.	patiently and diligently		of eternity
107.	fire brigade	144.	acquaintances
108.	despite	145.	respectably
109.	wooden beam	146.	publicity
110.	propped	147.	sulky and stubborn
111.	temporary lodging	148.	repentance/regret
112.	in her arms		
113.	kindly/gently		
114.	looking at you		

An Fhianaise sa Chúirt – Achoimre

Liam

Aturnae 1: Tusa deartháir an phríosúnaigh – an deartháir is sine aici?

Liam: Is mé…ach ní ceart aon phioc den mhilleán a chur ormsa. Bhí comhluadar de mo chuid féin agam an oíche sin.

Aontaíonn Liam le 'Aturnae 1' go raibh Máire aosta go leor le haire a thabhairt di féin agus an bóthar gairid abhaile a chur di. Ní hamháin sin, ach ní raibh an rince thart ródhéanach. Bhí sé thart ar a haon déag a chlog. Ansin cuireann 'Aturnae 2' ina leith gur thug sé a dheirfiúr go dtí an rince agus gur fhág sé ansin í le dul abhaile ina haonar. Deir Liam gur chuir a mháthair iallach air Máire a thabhairt go dtí an rince. Ní ghlacann sé leis go bhfuil locht ar bith air. Glaonn Beití ar Liam, ó thaobh an stáitse, teacht amach ar an urlár ag rince.

An Mháthair

Tá an mháthair ar a glúine ag guí. Sceitear an solas uirthi. Éiríonn sí.

Aturnae 2: Tusa Bean Uí Chathasaigh?

Máthair: Is mé…ach ná cuir an milleán ormsa. Thóg mise go creidiúnach agus go críostúil í. Thóg Dia m'fhear céile uaim agus rugadh an duine is óige sa chlann trí mhí ina dhiaidh sin. D'oibrigh mé go dian chun mo chlann a thógáil. Agus féach an luach saothair atá faighte agam. Bíonn na comharsana ag síneadh méara fúm agus ag magadh fúm má théim amach nó fiú má théim chun an Aifrinn Dé Domhnaigh.

Aturnae 2: Tuairim na gcomharsan is mó atá ag cur as duit, mar sin. Inis dom…ar thaispeáin tú grá máthar nó carthanacht chríostaí do d'iníon nuair a bhí sí i dtrioblóid?

Máthair: Í féin a tharraing an trioblóid uirthi féin.

Aturnae 2: An fíor go ndearna tú iarracht deireadh a chur leis an ngin a bhí i mbroinn d'iníne?

Máthair: Ní aon pheaca deireadh a chur le rud neamhghlan – rud a bhí mallaithe ag Dia agus ag duine.

Deir an mháthair gur thug sí oiliúint cheart chríostaí dá hiníon, go raibh sí le dul sna mná rialta – ach go mbíodh sí ag éalú amach an fhuinneog istoíche le duine nár inis sí a ainm ná a shloinne riamh dóibh. Imíonn an mháthair ón stáitse agus í ag gol.

Seán

Aturnae 1:	Tusa Seán Ó Cathasaigh, an deartháir is óige a bhí ag an gcailín seo? Tusa a sceith uirthi?
Seán:	Cén dul as a bhí agam? Bhí mo mháthair do mo chrá le ceisteanna.
Aturnae 2:	Níor inis tú an scéal go róstuama ná go róthuisceanach. Dúirt tú le do mháthair nach raibh do dheirfiúr ag dul chun faoistine a thuilleadh, agus nach raibh sí ag glacadh Comaoineach Naofa. Agus dúirt tú go mbíodh do dheirfiúr breoite go minic.
Seán:	Dúirt.
Aturnae 2:	Bhí tú ag dul le sagartóireacht tráth... An ndearna tú iarracht ar bith grá Dé nó carthanacht chríostaí a thaispeáint do do dheirfiúr? Sceith tú uirthi! An ndearna tú aon iarracht ar í a chosaint ar do mháthair?
Seán:	Cad a d'fhéadfainn a dhéanamh? Bhí an ceart ag Mam. Tharraing Máire náire shaolta orainn os comhair na gcomharsan. Chiontaigh sí in aghaidh Dé.

Bean Uí Chinsealaigh

Glaonn an cléireach ar an mbean uasal – Bean Uí Chinsealaigh. Ceistíonn Aturnae 1 í i dtaobh fógra a chuir sí sa nuachtán ag lorg cailín aimsire – nó 'cúntóir tís', mar a dúirt sí féin. Admhaíonn Bean Uí Chinsealaigh gur fhostaigh sí Máire agus gur fhan sí sa teach go ceann ráithe.

Aturnae 1:	Ansin thug tú rud éigin faoi deara... Thug tú faoi deara go raibh sí ag iompar clainne.
Bean Uasal:	Deir tú chomh tútach *(crudely)* sin é...
Aturnae 1:	Agus fuair tú dídean di i dTeach Tearmainn.
Bean Uasal:	Fuair.
Aturnae 1:	Go raibh maith agat.
Aturnae 2:	Ar luaigh tú ar an bhfógra go raibh cúigear clainne ort?
Bean Uasal:	An dóigh leat gur óinseach mé? Dá luafainn ní thiocfadh cailín ar bith chugam.

Faigheann Aturnae 2 amach ó Bhean Uí Chinsealaigh: gurbh í Máire an t-aon duine amháin a d'fhreagair an fógra; gur fhostaigh sí í gan teastas ná litir mholta; go raibh Máire sásúil, gan locht, macánta, dícheallach, cíúin, dea-bhéasach; go raibh na páistí ceanúil uirthi. Admhaíonn Bean Uí Chinsealaigh ar deireadh thiar gur thug sí dhá phunt is deich scilling sa tseachtain do Mháire, cé gur thairg sí ceithre phunt san fhógra a bhí ar an nuachtán aici.

Bean Uasal:	Thabharfainn an méid sin do bhean a bheadh traenáilte. Ach ní raibh teastas ag an gcailín sin. Cárbh fhios dom ná gur coirpeach í?
Aturnae 2:	Ach bhí tú sásta í a fhostú... D'oibrigh sí go dícheallach ar feadh ráithe, agus ansin scaoil tú chun bóthair í.
Bean Uasal:	Cén dul as a bhí agam? Ní fhéadfainn m'iníonacha a fhágáil i mbaol caidrimh lena leithéid. Cad a déarfadh na comharsana? Nó na cailíní eile ar scoil? Nó na mná rialta?
Aturnae 2:	Ba chuma leat caidreamh a bheith ag d'iníonacha le coirpeach, ach nuair a fuair tú amach go raibh Máire ag iompar clainne thug tú an bóthar di.

Deir Bean Uí Chinsealaigh: gur thug sí fógra seachtaine do Mháire; gur labhair sí le duine dá cairde mar gheall uirthi; go bhfuair an cara sin áit do Mháire sa Teach Tearmainn.

An tOibrí Sóisialta

Glaonn an cléireach ar Iníon Uí Bhreasaíl. Tosaíonn Aturnae 1 á ceistiú agus faigheann sé amach uaithi go bhfuair sí áit do Mháire sa Teach Tearmainn.

Oibrí Sóis:	Focal ní inseodh sí dom i dtaobh a muintire ná fiú amháin cén contae arbh as di... Rinne mé mo dhícheall di, ach bhí sí stuacach *(sulky)* ceanndána.
Aturnae 1:	Cén tuairisc a thug an mátrún mar gheall uirthi?
Oibrí Sóis:	Dúirt sí go raibh sí ciúin dea-iompar, ach í a bheith dúr neamhchainteach inti féin.
Aturnae 2:	An dóigh leat go ndearna tú an rud ceart nuair a chuir tú isteach sa Teach Tearmainn í?
Oibrí Sóis:	Ní fhéadfainn í a chur in áit níos fearr.

Bainisteoir na Monarchan

Tá bainisteoir na monarchan os comhair na cúirte. Faigheann Aturnae 1 amach uaidh gur fhostaigh sé Máire Ní Chathasaigh. Ceistíonn Aturnae 2 ansin é agus faigheann sé amach uaidh gur thug sé trí phunt sa tseachtain do Mháire, cé nach raibh ach dhá phunt agus deich scillinge mar ghnáthráta pá. Ní hamháin sin ach ní bhíodh Máire ag obair ach ar feadh deich n-uaire sa tseachtain. Insíonn an bainisteoir don aturnae go mbíodh sí ag glanadh na leithreas.

Aturnae 2:	Bhíodh sí ag glanadh na leithreas – ar thrí phunt sa tseachtain.
Bainisteoir:	Ní bhíonn le déanamh ach na hurláir a ní gach lá agus na báisíní a shruthlú. Obair dheas bhog...
Aturnae 2:	Agus d'fhostaigh tú an cailín seo chun an obair sin a dhéanamh duit.
Bainisteoir:	Tháinig sí chugam ag lorg oibre. Ní raibh sí oilte. Dúirt sí liom gur bhaintreach í agus go raibh páiste óg aici. Bhí mé ábalta post sealadach a thabhairt di mar bhí an bhean ghlantóireachta amuigh breoite ag an am. Bhí mé ábalta post a thabhairt do Bhean Uí Laoire, mar a thug sí uirthi féin.

Deir an bainisteoir go ndearna Máire an obair go sásúil ar feadh ráithe.

Bainisteoir:	Bhí gach aon duine buíoch di. Rinne na hoibrithe bailiúchán chun bronntanas a cheannach di. Thug mé féin rud beag éigin di freisin. Bhíomar an-sásta léi. Ní raibh locht ar bith uirthi.
Aturnae 2:	Mar sin féin thug tú an bóthar di i mí an Mhárta.
Bainisteoir:	Ó, níor thug in aon chor. Is amhlaidh a stad sí de theacht... Bhí orm bean eile a fháil chun an obair a dhéanamh.

Míníonn an bainisteoir don aturnae gur chuir sé an mátrún – banaltra oilte a bhí acu sa mhonarcha – chuig Máire chun féachaint an raibh sí ceart go leor. Molann an t-aturnae an bainisteoir as aire a thabhairt dá chuid oibrithe.

Aturnae 2:	Cad a tharla nuair a chuaigh an mátrún chun na háite a raibh an príosúnach ar lóistín ann?
Bainisteoir:	Ní raibh a leithéid de theach ann...

Tá na mná oibre ag éisteacht leis an gcomhrá seo.

Bean 1:	Conas a d'fhéadfadh sí a bheith ann? Nach bhfuil a fhios ag an saol gur thit an teach anuas i mí an Mhárta?
Bean 2:	Agus an scéal sna nuachtáin go léir!

Bean an Lóistín

Tá bean an lóistín á ceistiú ag Aturnae 2. Faigheann sé amach uaithi go raibh seomra ligthe ar cíos aici le Bean Uí Laoire.

Bean Lóistín: Lig sí uirthi gur bhaintreach í, ach bhí a fhios agam gur cailín singil a bhí inti agus gur leanbh tabhartha an leanbh.

Insíonn an bhean lóistín don aturnae go dtugadh sí aire don leanbh i rith an lae. Leanbh ciúin a bhí inti agus bhíodh sí ina codladh an chuid ba mhó den am. Thugadh Máire cúig scilling breise sa tseachtain di as aire a thabhairt don leanbh. Cúig scilling déag sa tseachtain a bhí ar an gcíos.

Aturnae 2:   Sin punt sa tseachtain ar fad? D'fhágadh sin dhá phunt aici chun í féin agus an leanbh a chothú.

Bean Lóistín: Cá bhfios domsa san? Má ba bhaintreach í bhí pinsean na mbaintreach aici.

Aturnae 2:   Ach ní raibh aon phinsean aici.

Bean Lóistín: Níl a fhios agamsa an raibh nó nach raibh. Caithfidh mise maireachtáil chomh maith le duine eile. Tá seisear clainne orm agus m'fhear céile as obair le bliain.

Ceistíonn an t-aturnae an bhean lóistín i dtaobh ar tharla i mí an Mhárta agus insíonn na mná go léir dó gur thit an teach anuas i mí an Mhárta.

Mailí

Ceistíonn Aturnaetha 1 agus 2 Mailí agus faigheann siad amach uaithi gur thug sí Máire agus an leanbh abhaile léi. Cuireann sé ceist uirthi cén sórt tí atá aici.

Mailí: Cíbé sórt tí é níl sé ag titim anuas ar mhná ná ar pháistí, ná ní teach doicheallach é.

Tugann Mailí an t-eolas seo a leanas d'Aturnae 1: Bhí seomra dá gcuid féin ag Máire agus an leanbh; chaill Máire cibé airgid a bhí aici sa tine – mar aon le héadach an linbh agus a cuid éadaigh féin.

Aturnae 2:   Nach ndeachaigh sí ar ais ag obair sa mhonarcha?

Mailí: Bhí sí mar a bheadh bean bhuille go ceann tamaill. Ní ligfeadh sí an leanbh as a radharc ...

Aturnae 1:   An dóigh leat go raibh an teach sin oiriúnach do chailín dá leithéid agus do leanbh neamhurchóideach?

Mailí: Bhuel, don diabhal leis an mbeirt agaibh.

Colm

Cuireann Aturnae 1 ceist ar Cholm an cuimhin leis oíche an rince nuair a chuir sé duine áirithe in aithne do Mháire Ní Chathasaigh.

Colm: Ná cuirtear an milleán ormsa. Ní dhearna mise ach iad a chur in aithne dá chéile. Cailín deas neamhurchóideach a bhí inti agus ní fhaca mé go ceann i bhfad ina dhiaidh sin í – sa chathair. D'aithin mé láithreach í, cé nach bhfaca mé ach an t-aon uair amháin roimhe sin í.

Mailí

Insíonn Mailí do lucht na cúirte go bhfuair sí boladh an gháis ina seomra féin thuas staighre. Síos léi. Bhí cúisíní sáite faoin doras agus píosa ceirte sáite i bpoll na heochrach. Bhí sí ródhéanach... Bhí ceann an linbh sáite san oigheann ag Máire... Bhí cosa an linbh fáiscthe lena hucht aici... Bhí an bheirt acu marbh.

Mailí: Ní cheadódh sí an leanbh a dhul uaithi i ndorchacht na síoraíochta gan í féin a dhul in éineacht léi.

Tosaíonn Mailí ag gol.

Gníomh 1
Radharc 1

Cloistear ceol: 'Siúil, a ghrá...' Tá garsúin nuachta ag siúl thart ag rá go bhfuil scéala i bpáipéar an tráthnóna faoi thragóid sa chathair.

Glór Mháire: Mharaigh mé mo leanbh toisc gur chailín í. Ní bheidh sí ina hóinsín ghéilliúil ag aon fhear. Tá sí saor.

Cuireann aturnae an stáit an ruaig ar na garsúin nuachta agus labhraíonn sé os comhair an bhrait leis an lucht féachana. Iarrann sé orthu dearmad a dhéanamh ar na scéalta atá sna nuachtáin agus breith a thabhairt de réir na fianaise a chuirfear os comhair na cúirte.

Aturnae 1: An príosúnach a bheidh os bhur gcomhair tá coir uafásach á cur ina leith – dúnmharú! Cailín óg í, ach má chruthaítear go ndearna sí an gníomh gránna danartha sin, ná bíodh trua ar bith agaibh di.

Ardaítear an brat agus glaonn an cléireach ar Mháire Ní Chathasaigh. Cuireann sé ceist uirthi conas tá sí ag pléadáil – ciontach nó míchiontach. Labhraíonn Máire leis an lucht éisteachta.

Máire: Tá rudaí áirithe i mo chroí agam nach n-inseoidh mé dóibh go deo - ainm áirithe, oíche an rince sa teach scoile, an t-amhrán a chan mé.

Radharc 2: An Rince sa Teach Scoile

Tá Máire ag an rince sa teach scoile. Iarrann Colm, an 'máistir rince' uirthi amhrán a chanadh agus seolann sé go lár an ardáin í. Canann sí 'Siúil, a ghrá'. Seasann Pádraig Mac Cárthaigh i leataobh ag éisteacht leis an amhrán. Tugann an slua bualadh bos do Mháire agus molann Colm í ón ardán. 'Ionsaí na hInse' an chéad rince eile a bheidh acu.

Colm: Níl tú ag rince, a Mháire. Gheobhaidh mé páirtnéir duit.
A Phádraig, tar anseo.

Tagann Pádraig.

Colm: A Mháire, seo Pádraig Mac Cárthaigh, an máistir scoile
atá tar éis teacht chun na háite.

Máire: (go cúthail) Chonaic mé ag an Aifreann é ar maidin.

Pádraig: Chonaic tú ag an sean-armóin mé! Sin mar a bhíonn an
scéal ag an máistir scoile – ag múineadh i rith na
seachtaine agus ina shéiplíneach gan ord maidin Dé
Domhnaigh…

Colm: Tabhair aire mhaith don chailín sin anois, a Phádraig.
Tá sí ag dul sna mná rialta.

*Molann Pádraig Máire as an gcaoi ar chan sí an t-amhrán agus cuireann sé ceist
uirthi an bhfuil sí ag baint taitnimh as an oíche.*

Máire: Ó táim. Is annamh a théim ar rince. Ach toisc é seo a
bheith sa teach scoile agus an sagart ina bhun, lig mo
mháthair dom teacht.

*Faigheann Pádraig amach ó Mháire gur tháinig sí go dtí an rince in éineacht lena
deartháir, Liam, atá in éineacht le Beití de Búrca. Ceannaíonn sé sú oráiste do
Mháire. Cuireann Pádraig ceist ar an máistreás scoile an bhfuil sí ag baint
taitnimh as an oíche.*

Máistreás Scoile: Is dócha go bhfuilim.

Ólann Pádraig agus Máire na deochanna.

Pádraig: A Mháire Ní Chathasaigh, an ndéanfaidh tú rince liom –
nó an mbeidh orm cead a fháil ó do mháthair? Nó ó do
dheartháir, Liam?

Máire: Ó, ní bheidh, ach caithfidh tú a bheith foighneach liom.
Níl mórán taithí agam ar a bheith ag rince.

Pádraig: Cailín deas óg agus gan taithí aici ar rince!

*Insíonn Máire do Phádraig nach mbíonn cead aici dul ar na rincí agus gur dóigh
lena máthair go rachaidh sí sna mná rialta.*

Pádraig: Agus cad is dóigh leat féin?

Máire: Níl a fhios agam.

33

Imíonn Pádraig agus Máire amach ar an urlár. Imíonn Beití freisin. Tá Liam ar tí *[on the floor]* *[about]*
Beití a leanúint. *[follow]* Díreach ansin glaonn an cléireach ar Liam agus tosaíonn aturnae
á cheistiú. *[Just then the clerk calls Liam and an attorney]*
[questions him]

Aturnae 1: *[You are the prisoner's brother   her eldest brother?]*
Tusa deartháir an phríosúnaigh – an deartháir is sine aici?

Liam: Is mé. Ach ní ceart aon phioc den mhilleán a chur ormsa.
Bhí comhluadar de mo chuid féin agam an oíche sin.

[agrees] *[mary was old enough to take care]*
Aontaíonn Liam le 'Aturnae 1' go raibh Máire aosta go leor le haire a thabhairt di
[of herself, and take her the short way home] *[not only that]*
féin agus an bóthar gearr abhaile a chur di. Ní hamháin sin, ach ní raibh an rince
[over too late] *[It was about 11 o'clock]* *[accuses]*
thart ródhéanach. Bhí sé thart ar a haon déag a chlog. Ansin cuireann 'Aturnae 2'
[home]
ina leith gur thug sé a dheirfiúr ag rince agus gur fhág sé ansin í le dul abhaile ina
[Alone] *[forced]*
haonar. Deir Liam gur chuir a mháthair iallach air Máire a thabhairt go dtí an
[doesn't accept]
rince. Ní ghlacann sé leis go bhfuil locht ar bith air.

Radharc 3: Máire agus Pádraig ag siúl abhaile

[asks] *[to sit on the bridge]*
Iarrann Pádraig ar Mháire suí ar an droichead agus labhraíonn sé go fileata léi faoi
sholas na gealaí, faoi uisce na habhann agus faoi radharcanna an dúlra atá
timpeall orthu.

[I love how you talk]
Máire: Is aoibhinn liom do chuid cainte!
Pádraig: *[I didn't think]* *[my dear/love]*
Ní mise a cheap an chaint sin, a chroí, ach file a bhí ann
fadó. Ach dá mbeadh sé anseo anois, dhéanfadh sé dán
molta don chailín beag a bhfuil a scáil le feiceáil thíos ansin
san abhainn.

[continues] *[praises Maire's beauty]* *[her face]*
Leanann Pádraig leis an bplámás. Molann sé áilleacht Mháire – a haghaidh, a
[mouth] *[wildness hidden]*
béal, agus an 'fiántas atá folaithe' ina dhá súil. Deir sé léi go gcuireann oíche
[Relaxes]
Bhealtaine mar seo maoithneas air.

[Are you thinking of going to the NUNS]
Pádraig: Tá tusa ag cuimhneamh ar dhul sna mná rialta?
Máire: Sin é a deir mo mháthair.

[he was once going to become a priest]
Insíonn Pádraig do Mháire go raibh sé féin ag dul le sagartóireacht tráth, ach gur
[stick and a road] *[When he caught him smoking a cigarette in the garden]*
thug an tAb bata agus bóthar dó nuair a rug sé air ag caitheamh toitín sa ghairdín.

Pádraig: Bhí oiliúint mhúinteora faighte agam san ord. Fuair mé
[Job easily] *[I got married soon after]*
post gan stró. Phós mé go luath ina dhiaidh sin.
Máire: Tá tú pósta!
[You're married!]

Insíonn Pádraig di gur phós sé Nóra trí mhí tar éis dó an coláiste a fhágáil. [he married Nora 3 months after leaving college]

Ní raibh sé ach trí bliana is fiche ag an am agus Nóra i bhfad ní ba shine ná é. [He was only 23 at the time and Nóra was much older than him.]

Pádraig:	Bhí rud éigin neamhshaolta ag baint léi – cosúil leatsa, a Mháire.
Máire:	Cá bhfuil sí anocht? Cén fáth nach bhfuil sí ag an rince? [Where is she tonight? Why isn't she at the dance?]

Insíonn Pádraig do Mháire nach féidir lena bhean rince, go bhfuil galar gan leigheas uirthi. [his wife can't dance she has incurable disease]

Pádraig:	Níor fhéad sí riamh a bheith ina bean chéile cheart dom. [She could never be a real wife for me]
Máire:	A Phádraig!

Deir Pádraig go bhfuil Máire ró-óg agus ró-neamhurchóideach chun na cúrsaí sin a thuiscint. [too young and too innocent to understand these matters.]

Pádraig:	Agus an dá shúil mhóra sin agat ag stánadh orm. Ní ceart duine mar tusa a bheith curtha faoi ghlas i gclochar. [with those two big eyes of yours staring at me. A person like you should not be locked in a convent.]

Deir Máire go gcaithfidh sí dul abhaile, go bhfanfaidh a máthair ina suí go dtí go bhfillfidh sí. [Máire says she must go home]

Pádraig:	Oíche mhaith agat. Ná hinis gach aon rud do do mháthair.

Radharc 4: Fianaise na Máthar

Tá an mháthair ar a glúine ag guí. Sceitear an solas uirthi. Éiríonn sí. [praying]

Aturnae 2:	Tusa Bean Uí Chathasaigh? [Are you Mrs. Cathay?]
Máthair:	Is mé, ach ná cuir an milleán ormsa. Thóg mise go creidiúnach agus go críostúil í. Thóg Dia m'fhear céile uaim agus rugadh an duine is óige sa chlann trí mhí ina dhiaidh sin. D'oibrigh mé go dian chun mo chlann a thógáil. Agus féach an luach saothair atá faighte agam. Bíonn na comharsana ag síneadh méara fúm agus ag magadh fúm má théim amach nó fiú má théim chun an Aifrinn Dé Domhnaigh. [put, don't blame me. faithfully and christianly, God took my husband from me and the youngest in the family was born 3 mths later. I worked hard to raise my family]
Aturnae 2:	Tuairim na gcomharsan is mó atá ag cur as duit, mar sin. Inis dom – ar thaispeáin tú grá máthar nó carthanacht chríostaí do d'iníon nuair a bhí sí i dtrioblóid?
Máthair:	Í féin a tharraing an trioblóid uirthi féin.

35

Aturnae 2:	An fíor go ndearna tú iarracht deireadh a chur leis an ngin a bhí i mbroinn d'iníne?
Máthair:	Ní aon pheaca deireadh a chur le rud neamhghlan – rud a bhí mallaithe ag Dia agus ag duine.

Her mother says she gave her daughter a proper Christian education

Deir an mháthair gur thug sí oiliúint cheart chríostaí dá hiníon, go raibh sí le dul sna mná rialta – ach go mbíodh sí ag éalú amach istoíche le duine nár inis sí a ainm ná a shloinne riamh dóibh. Imíonn an mháthair ón stáitse agus í ag gol.

used to run away at night with someone whose name she never told

The mother leaves the stage crying

Radharc 5: Pádraig agus Máire sa Teach Scoile

is looking at his watch, as he waits patiently for

Tá Pádraig ag féachaint ar a uaireadóir agus é ag fanacht go mífhoighneach le Máire. Tagann sí agus saothar uirthi. Deir sí go raibh uirthi fanacht go dtí go ndeachaigh a máthair a luí. Tháinig sí an cúlbhealach faoi mar a d'iarr Pádraig uirthi a dhéanamh. Ní fhaca éinne ag teacht í.

she says she had to wait until her mother went to bed

no one saw her coming.

Pádraig:	Mairg a bheadh ina mháistir scoile. Ba mhaith liom a bheith ábalta a insint do gach duine gur mise do leannán agus gur tusa mo ghrá, ach ní féidir liom. Dá mbeadh a fhios ag an sagart paróiste faoi seo chaillfinn mo phost.

woe could be a schoolmaster   I want to be able to tell everyone   and you are my love   but, I can't   If the priest   I would lose my job

Máire:	Conas tá do bhean?

How is your wife

Pádraig:	Mar a bhíonn sí i gcónaí.

as she always is

Máire:	Is minic a cheapaim go bhfuilimid ag déanamh éagóra uirthi.
Pádraig:	Ná bí á cheapadh sin, a Mháire. Mura mbeadh tusa bheadh orm imeacht uaithi. Tusa a thugann neart dom cur suas léi agus lena cuid gearáin.

don't think so,   If it wasn't for you I would have to leave her.   Strength   to put up

Máire:	An bhean bhocht!

The poor woman

Pádraig:	Agus an fear bocht!

and the poor man

Máire:	Agus an fear bocht!

the doctors say his wife will live for years

Insíonn Pádraig do Mháire go ndeir na dochtúirí go mairfidh a bhean ar feadh na mblianta eile – blianta de phurgadóireacht dó féin agus dá bhean.

Máire:	Pádraig bocht!
Pádraig:	Mura mbeadh tusa, a Mháire! Gabhaim buíochas le Dia gach maidin tusa a bheith agam. Abair arís go bhfuil tú i ngrá liom, a Mháire.

If it wasn't for you.   I thank god

Máire:	Ó, tá agus beidh go deo, a Phádraig.
Pádraig:	Déarfadh na comharsana gur rud peacúil gránna atá ar siúl eadrainn. Ná creid iad. Rud beannaithe álainn atá ann.

sinful   ugly

Don't believe them

It is a blessedly beautiful thing.

Ach caithfidh sé a bheith ina rún eadrainn. Ná habair focal *But it must be secret between us* *Don't say a word*
le haon duine. Agus ná luaigh m'ainm. Agus ná scríobh *to anyone* *and don't mention* *don't write*
chugam ach oiread. Ó, ba bhreá liom a bheith ábalta tú a *to me either* *I would be able to marry you*
phósadh *marry*

Máire: Uis! Caithfimid gan smaoineamh air sin. Is peaca é. *we must not think about that* *sin*

Pádraig: Ná trachtar liom ar pheaca! Féach, cuirfidh mé an fáinne *don't comment on sin!* *look* *I call But this ring*
seo atá agam ar mo mhéar ar do mhéarsa. Leis an bhfáinne *that I have on my finger on yours* *with this ring*
seo déanaim tú a phósadh. Anois, is tú mo bhean chéile go *I marry you* *Now you are my wife*
deo... *forever.*

promises that matters between them will be secret.
Geallann Máire go sollúnta go mbeidh cúrsaí eatarthu ina rún go deo.

Confession
Reception

Radharc 6: An Fhaoistin

in front *She is making a confession*
Tá Máire os comhair an tsagairt agus faoistin á déanamh aici.

Sagart: Caithfidh tú scaradh leis an té is ábhar peaca duit. *seperate* *sin*
Máire: Ní féidir, a athair, ní féidir... *(no father, no...)*
Sagart: Mura ngeallann tú dom go sollúnta i láthair Dé go *unless you promise me solemnly* *divorce*
scarfaidh tú leis, ní féidir liom aspalóid a thabhairt
duit... *"cleansing"*

Radharc 7: An Choróin Mhuire

on their knees
Tá muintir an tí – an mháthair, Máire, Liam agus Seán – ar a nglúine agus an
When the mother
Choróin Mhuire á rá acu. Nuair a thagann an mháthair a fhad leis na focail "A
virgin born without sin
Mhaighdean a gineadh gan pheaca" ritheann Máire amach agus í ag gol. Leanann
an mháthair í agus í ag glaoch "A Mháire! A Mháire!" Aimsíonn Seán a chuid
study *heads for the door* *returns*
leabhar agus tosaíonn sé ag staidéar. Éalaíonn Liam i dtreo an dorais, ach filleann
an mháthair agus cuireann sí ceist air cá bhfuil sé ag dul.

Liam: Go teach na mBúrcach. *weren't you there last night?*
Máthair: Go teach na mBúrcach? Nach ann a bhí tú aréir? An
gá duit dul ann gach aon oíche den tseachtain? Cén
fáth a bhfuil tú ag dul ann? *why are you going there.*
Liam: Beidh comhluadar ann.
Máthair: Beidh comhluadar ann. Comhluadar Bheití de Búrca.
Liam: Níl aon tóir agam ar Bheití de Búrca.
Máthair: Is maith liom an méid sin a chloisteáil. Droch-chríoch a *like to hear*
bhíonn ar na cúrsaí sin, a mhic, agus ar an dream a

37

chleachtann iad. Ba é toil Dé mise a fhágáil i mo
bhaintreach agus caithfidh mé a bheith i m'athair agus i mo
mháthair ag an triúr agaibh. Agus ní bheidh Dia ná duine
ábalta a rá go ndearna mé faillí i mo dhualgas daoibh.

Rinne mé a lán íobairtí chun tógáil suas a thabhairt daoibh.
Beidh Seán ina shagart, Máire sna mná rialta, agus tusa, a
mhic, i mbun na feirme. Agus beidh tú mar thaca agus mar
sholás agam nuair a rachaidh mé in aois.

*Imíonn an mháthair sa tóir ar a hiníon. Deir Liam le Seán go rachaidh sé amach
an fhuinneog nuair a bheidh an mháthair ina codladh.*

Seán: An bhfuil tóir agat ar Bheití de Búrca, dáiríre?
Liam: Má tá, cén mhaith é agus mé faoi smacht ag mo mháthair
            mar atáim?
Seán: Níl aon réasún le Mam.
Liam: Níl uaithi ach go léifí ar fhógra a báis: "Cailleadh Máiréad
            Bean Uí Chathasaigh, máthair do Sheán Ó Cathasaigh,
            sagart paróiste, agus don Mháthair Columbán le Muire,
            mísiúnaí san Afraic."

*Tagann an mháthair isteach. Níl a fhios aici cá bhfuil Máire. Téann sí go dtí a
seomra á lorg.*

Liam: Níl a fhios agam fútsa, ach ceapaimse nach rachaidh Máire
            sna mná rialta.
Seán: Tá Mam ródhian uirthi. Ní ligeann sí di dul áit ar bith.
Liam: Tá Máire athraithe le déanaí. Ní théann sí chun na
            Comaoineach Dé Domhnaigh. Bíonn sí ag éalú amach an
            fhuinneog san oíche.
Seán: Is minic a bhíonn sí breoite. Bhí sí ag cur amach ar maidin.
            D'iarr sí orm gan aon rud a rá le Mam.

*Tá an mháthair sa doras. Cloiseann sí cuid den chomhrá. Éiríonn léi cuid den eolas
a mhealladh ó Shéan – go mbíonn Máire breoite go minic ar maidin, nach dtéann
sí chun na Comaoineach a thuilleadh.*

Máthair: A Mhaighdean! Agus níl sí sa teach.

*Tagann Máire isteach agus rian an ghoil uirthi. Cuireann an mháthair ceist uirthi
cá raibh sí.*

38

Máire: Áit ar bith.

who was with you

Máthair: Áit ar bith! Agus cé a bhí in éineacht leat?

Máire: Ní raibh aon duine in éineacht liom. Ní raibh aon duine ag
             an ionad coinne romham.

*Tosaíonn an mháthair ag cur di nuair a chloiseann sí an tagairt don 'ionad coinne'.
Deir sí go bhfuil sí ag dul chuig a seomra chun a paidreacha a chríochnú agus chun
iarraidh ar Dhia cabhrú léi a cros a iompar. Deir sí le Seán gurb eisean an t-aon
duine a bhfuil muinín aici as agus iarrann sí air an solas a mhúchadh nuair a
bheidh sé críochnaithe lena chuid oibre. Imíonn sí.*

Liam: *you ruined the night*
             (Le Máire) Tá an oíche loite agat orm.

Imíonn Liam. Tá Seán ar tí dul a luí nuair a ghlaonn cléireach na cúirte air.

Aturnae 1:   Tusa Seán Ó Cathasaigh, an deartháir *the youngest brother of this girl.* is óige ag an gcailín
             seo? Tusa a sceith uirthi?

Seán: Cén dul as a bhí agam? Bhí mo mháthair do mo chrá le
             ceisteanna.

Aturnae 2:   Níor inis tú an scéal go róstuama ná go róthuisceanach.
             Dúirt tú le do mháthair nach raibh do dheirfiur ag dul
             chun faoistine a thuilleadh, agus nach raibh sí ag glacadh
             Comaoineach? Agus dúirt tú go mbíodh do dheirfiúr
             breoite *sick* go minic?

Seán: Dúirt.

Aturnae 2:   *you were once going to be priest*
             Bhí tú ag dul le sagartóireacht tráth. Ar thaispeáin tú
             carthanacht chríostaí ar bith do do dheirfiúr? Sceith tú
             uirthi! An ndearna tú aon iarracht í a chosaint ar do
             mháthair?

Seán: *What could I do?*   *Mom was right*
             Cad a d'fhéadfainn a dhéanamh? Bhí an ceart ag Mam.
             embarrased us in front of the neighbours
             Tharraing Máire náire orainn os comhair na gcomharsan.
             She sinned against God
             Rinne sí peaca in aghaidh Dé.

*Le linn an chomhrá seo tá Máire suite i lár an stáitse gan cor aisti. Imíonn na
haturnaetha. Tagann an mháthair agus babhla ina lámh aici. Iarrann sí ar Mháire
deoch leighis a ól as an mbabhla. Diúltaíonn Máire agus caitheann sí an babhla
uaithi.*

Máthair: *blind*
             Nach mé a bhí dall. An scéal ag gach duine sa pharóiste
             agus gan é a bheith agam féin!

she starts shaking
Beireann an mháthair ar Mháire agus tosaíonn sí á croitheadh.

39

Máthair:	Inis dom cé hé an fear. Tá tú ceanndána chomh maith le bheith mígheanmnaí! Caithfidh tú é a phósadh! Beimid náirithe os comhair an pharóiste. Ní ligfear Seán isteach i Maigh Nuad! Cé hé an fear? Caithhfidh sibh pósadh agus imeacht go Sasana…

Tagann Seán agus Liam agus tógann siad an mháthair amach. Casann sí ag an doras.

Máthair:	Mallacht Dé ar an bhfear sin agus ortsa, a…striapach.

Tosaíonn Máire ag caint léi féin.

Máire:	A Phádraig, ní raibh tú romham anocht mar a gheall tú. Rinne tú do chuid féin díom an oíche Bhealtaine sin. Is leatsa ó shin mé! Ní luafaidh mé d'ainm… Tabharfaidh mé aghaidh ar an ród atá romham i m'aonar.

Radharc 8: An tSráid – Daoine ag siúl síos suas

Glaonn an cléireach ar an mbean uasal – Bean Uí Chinsealaigh. Ceistíonn Aturnae 1 í i dtaobh fhógra a chuir sí sa nuachtán ag lorg cailín aimsire – nó 'cúntóir tís' – mar a dúirt sí féin. Admhaíonn Bean Uí Chinsealaigh gur fhostaigh sí Máire agus gur fhan sí sa teach go ceann ráithe.

Aturnae 1:	Ansin thug tú rud éigin faoi deara - thug tú faoi deara go raibh sí ag iompar clainne.
Bean Uasal:	*(go leamhnáireach)* Deir tú chomh tútach *(crudely)* sin é…
Aturnae 1:	Agus fuair tú dídean di i dTeach Tearmainn.
Bean Uasal:	Fuair.
Aturnae 1:	Go raibh maith agat.
Aturnae 2:	Ar luaigh tú ar an bhfógra go raibh cúigear clainne ort?
Bean Uasal:	An dóigh leat gur óinseach mé? Dá luafainn ní bhfaighinn cailín ar bith.

Faigheann Aturnae 2 amach ó Bhean Uí Chinsealaigh: gurbh í Máire an t-aon duine amháin a d'fhreagair an fógra; gur fhostaigh sí í gan teastas ná litir mholta; go raibh Máire sásúil, gan locht, macánta, dícheallach, cíúin, dea-bhéasach; go raibh na páistí ceanúil uirthi. Admhaíonn Bean Uí Chinsealaigh ar deireadh thiar

gur thug sí dhá phunt is deich scilling sa tseachtain do Mháire cé gur thairg sí
ceithre phunt san fhógra a bhí ar an nuachtán aici.

Bean Uasal: Thabharfainn an méid sin do bhean a bheadh traenáilte.
Ach ní raibh teastas ar bith ag an gcailín sin. Cárbh fhios
dom ná gur coirpeach í?

Aturnae 2: Ach bhí tú sásta í a fhostú. D'oibrigh sí go dícheallach ar
feadh trí mhí, agus ansin thug tú an bóthar di.

Bean Uasal: Cén dul as a bhí agam? Ní fhéadfainn m'iníonacha a
fhágáil i gcuideachta a leithéid. Cad a déarfadh na
comharsana? Nó na cailíní eile ar scoil? Nó na mná
rialta?

Aturnae 2: Ba chuma leat caidreamh a bheith ag d'iníonacha le
coirpeach, ach nuair a fuair tú amach go raibh Máire
ag iompar clainne thug tú an bóthar di.

Deir Bean Uí Chinsealaigh: gur thug sí fógra seachtaine do Mháire; gur labhair sí le
duine dá cairde mar gheall uirthi; go bhfuair an cara sin áit do Mháire sa Teach
Tearmainn.

Radharc 9: Tae sa Ráth Garbh

Buailtear clog an dorais. Iarrann Bean Uí Chinsealaigh ar Mháire an doras a
oscailt. Déanann sí amhlaidh. Tagann Áine, an t-oibrí sóisialta isteach. Fáiltíonn
bean an tí roimh Áine agus ólann an bheirt acu tae le chéile.

Bean Uasal: Táim buartha faoi Mháire.
Oibrí Sóisialta: An cailín deas sin a d'oscail an doras dom?
Bean Uasal: Ar thug tú aon rud faoi deara?
Oibrí Sóisialta: Níor thug.
Bean Uasal: Bhuel, tá rud éigin le tabhairt faoi deara. Caithfidh mé
an bóthar a thabhairt di. Níl a fhios ag m'fhear céile faoi
seo. Tá meas mór aige uirthi. Caithfidh sí imeacht.
Oibrí Sóisialta: An bhfuil cairde aici?
Bean Uasal: Ní dóigh liom é. Ní fhaigheann sí litreacha ná glaonna
gutháin. Ní théann sí amach ach ag siúl leis na páistí. Tá
sí an-mhaith leis na páistí, ach ba mhaith liom go n-imeodh
sí sula dtarraingíonn sí náire orainn. Nach bhféadfása
tearmann a fháil di in áit éigin?

Glaonn siad ar Mháire le teacht chun cainte le 'hIníon Uí Bhreasail'. Imíonn Bean

Uí Chinsealaigh ón seomra. *Cuireann an t-oibrí sóisialta ceist ar Mháire cén sloinne atá uirthi.*

Máire: Ó…a…Ní Bhriain. Máire Ní Bhriain.
Oibrí Sóisialta: Cad as duit, a Mháire?
Máire: *(Ach ní go drochmhúinte).* Cad é sin duitse?

Cuireann an bhean ceist ar Mháire an bhfuil a máthair beo.

Máire: Cén fáth a bhfuil tú do mo cheistiú mar seo?
Oibrí Sóisialta: Oibrí sóisialta mé. Ní fada uait an uair a bheidh gá agat le cabhair. Is é an gnó a bhíonn agam ná a bheith ag plé le cailíní bochta de do leithéidse.

Cuireann Máire ceist ar an mbean ar chuir bean an tí fios uirthi. Ní fhreagraíonn an bhean an cheist, ach deir sí le Máire go gcaithfidh sí imeacht ón teach.

Máire: Imeoidh mé láithreach.
Oibrí Sóisialta: Féach, a Mháire, nach rachfá abhaile go dtí do mhuintir?
Máire: B'fhearr liom mé féin a bhá san abhainn.
Oibrí Sóisialta: An bhfuil a fhios ag do mhuintir cá bhfuil tú?
Máire: Is róchuma le cuid acu.
Oibrí Sóisialta: Ná habair é sin. Déarfainn go bhfuil do mháthair buartha mar gheall ort.
Máire: Níl mórán aithne agat ar mo mháthair.
Oibrí Sóisialta: Caithfidh mé áit a fháil duit go dtí *(casacht bheag)* go mbeidh do thrioblóid curtha díot agat.

Insíonn an bhean do Mháire faoin Teach Tearmainn, áit a bhfaighidh sí lóistín, bia, aire dhochtúra agus banaltracht. Beidh cailíní eile aici mar chomhluadar agus beagán oibre ionas nach mbeidh sí ag machnamh ar a cruachás.

Oibrí Sóisialta: Agus ansin, ar ball *(casacht bheag)* gheofar post duit agus féadfaidh tú tosú as an nua ar fad. Ní gá duit féachaint siar go deo ach dearmad a dhéanamh ar na rudaí truamhéalacha seo.

Glaonn an cléireach ar Iníon Uí Bhreasaíl. Tosaíonn Aturnae 1 á ceistiú agus faigheann sé amach uaithi go bhfuair sí áit do Mháire sa Teach Tearmainn.

Oibrí Sóisialta: Focal ní inseodh sí dom i dtaobh a muintire ná fiú amháin cén contae arb as di. Rinne mé mo dhícheall di, ach bhí sí stuacach *(sulky)* ceanndána.

Aturnae 1:	Cén tuairisc a thug an mátrún mar gheall uirthi?
Oibrí Sóisialta:	Dúirt sí go raibh sí ciúin dea-iompar, ach í a bheith dúr neamhchainteach inti féin.
Aturnae 2:	An dóigh leat go ndearna tú an rud ceart nuair a chuir tú isteach sa Teach Tearmainn í?
Oibrí Sóisialta:	Ní fhéadfainn í a chur in áit níos fearr.

Radharc 10: An Seomra Níocháin sa Teach Tearmainn

Tá cailíní ag iarnáil agus ag filleadh na n-éadaí agus á gcur i gciseáin mhóra. Tá Máire ina suí ar leataobh agus í ag fuáil.

Pailí:	Tá sé te! Tá sé chomh te le hifreann.
Mailí:	An áit a bhfuilimid go léir ag dul, de réir an tseanmóirí a bhí againn an tseachtain seo caite.

Ardaíonn Pailí ball de chneaséadach.

Pailí:	Féach drárs an mhinistéara.
Nábla:	Tá poll ann.
Mailí:	Ba chóir é sin a dheisiú sula gcuirfí amach é.
Pailí:	Tig lena bhean é a dheisiú.
Dailí:	Tá bean aige, rud nach bhfuil ag an sagart paróiste bocht!

Cloiseann siad fear ag teacht agus ritheann siad go dtí an fhuinneog. Níl ann ach Seáinín an Mhótair. Ní fear ceart é Seáinín, dar leo! Ach fáiltíonn siad roimhe agus cuireann siad ceist air an bhfuil aon scéala aige ón gcathair.

Seáinín:	Níl aon scéal agam - agus tá deifir orm.

Impíonn na mná air fanacht tamall ina gcuideachta.

Mailí:	Ní fheicimid gnúis fir ó cheann ceann na seachtaine. Táimid cosúil le clochar ban rialta.
Seáinín:	Is sibh na mná rialta nár bheannaigh Dia ná duine… Cé hí seo?
Omnes:	Máire Ní Bhriain. Ná bac léi.
Seáinín:	*(Le Máire)* Cailín deas tusa, cailín deas óg. Tá tú mar nóinín i measc na neantóg.

Leanann an chaint ghreannmhar idir Seáinín agus na cailíní ar feadh tamaill, na cailíní ag spochadh as agus ag iarraidh air fanacht tamall eile.

Seáinín: Má fhanaim thar chúig nóiméad beidh an mátrún ar buile.
Pailí: Á, fan linn go fóill, a Sheáinín, a lao.
Seáinín: Bog díom. Tá bean agus clann agam sa bhaile.

Leanann an chaint ar feadh tamaill agus, ar deireadh thiar, tugtar na beartáin éadaigh do Sheáinín agus imíonn sé.

Mailí: Bhuel, bhuel, féach an seargáinín sin! Níl ann ach an ceathrú cuid d'fhear. Nach mór an t-ardú croí a thug sé dúinn.
Pailí: *(Le Máire)* Tá tusa an-chiúin.
Máire: *(Go támáilte)* Níl aon ní le rá agam.
Mailí: Sin é an uair is mó is ceart caint a dhéanamh. Beidh mise ag imeacht ón áit seo i gceann cúpla lá.

Insíonn Malaí do Mháire go bhfuil altramaí faighte aici agus go mbeidh a saoirse aici.

Máire: Cad is altramaí ann?
Malaí: Ó, nach glas an breac tú! Is é an t-altramaí an duine is tábhachtaí san áit seo.

Míníonn Pailí don 'óinsín tuaithe' céard is altramaí ann: lánúin chreidiúnach pósta nach bhfuil páistí dá gcuid féin acu atá sásta páiste mná eile a thógáil.

Máire: Cé hiad na haltramaithe atá faighte agatsa, a Mháílí?

Insíonn Mailí di nach bhfuil a fhios aici cé hiad na haltramaithe atá faighte aici – agus gur róchuma léi. Deir sí gur riail de chuid na haltramachta gan an t-eolas sin a bheith ag an máthair.

Máire: Ní bheidh a fhios agat conas a iompóidh do leanbh amach? Nó cé acu beo nó marbh é? Cén dochar, ach leanbh chomh gleoite leis!
Mailí: Éist do bhéal, a óinsín.
Dailí: *(Le Mailí)* Ar thairg an t-oibrí sóisialta *(béim shearbhasach ar an ainm aici)* obair duit?

Insíonn Mailí dóibh go bhfuair an t-Oibrí Sóisialta post di mar 'chúntóir tís' Beidh Mailí ag imeacht lá ar bith anois, ach ní ghlacfaidh sí leis an bpost sin. Tá slite níos 'boige' chun airgead a shaothrú, a deir sí! (Is léir gur le Bean Uí Chinsealaigh a bheadh sí ag obair dá nglacfadh sí leis an bpost.)

Máire: (go brionglóideach) Agus ní leagfaidh tú súil ar do leanbh
go deo.

Mailí: Éist do bhéal.

Deir Nábla go mbeidh sise ag imeacht i gceann seachtaine. Cailleadh a leanbh.

Nábla: Bhí an t-ádh air, an bastairdín bocht.

Máire: Agus ní fheicfidh tú do leanbh arís.

Tagann fearg ar Mhailí.

Mailí: Tá rudaí ann nach ndéantar trácht orthu.

Cuireann Máire ceist ar Mhailí i dtaobh na hoibre a bheidh aici nuair a fhágfaidh sí an áit. Caochann Mailí súil leis na cailíní eile agus insíonn sí do Mháire: go mbeidh post aici i monarcha; go mbeidh árasán dá cuid féin aici; go mbeidh sí ag tuilleadh punt sa ló, an Domhnach san áireamh. Tá ionadh ar Mháire go mbeidh Mailí ag obair ar an Domhnach.

Mailí: Óinsín cheart thú, ach tá mé ceanúil ort.

Deir Malaí go mbeidh cead ag Máire teacht chun í a fheiceáil nuair a imíonn sí ón Teach Tearmainn agus go mbeidh sí ábalta í a fheiceáil i mbun oibre.

Pailí: An siúlfaidh tú isteach i mo pharlús, arsa an damhán alla,
tráth.

Buailtear an clog don tae. Tá an t-oibrí sóisialta ag teacht. Is léir nach bhfuil meas ag na cailíní uirthi. 'Áine an Bhéil Bhinn' a thugann siad uirthi. Ritheann Mailí agus roinnt eile de na cailíní amach as an seomra. Tá cairdiúlacht bhréige i nguth an oibrí shóisialta. Teastaíonn uaithi labhairt le Máire. Imíonn na cailíní eile.

Oibrí Sóisialta: Ta dea-scéal agam duit, a Mháire. Tá Bean Uí
Chinsealaigh toilteanach glacadh leat arís ina teach
(casacht bheag) ó tá do thrioblóid curtha díot.

Máire: Agus cad mar gheall ar m'iníon?

Oibrí Sóisialta: Tá daoine creidiúnacha macánta faighte agam don leanbh.
Post buan ag an bhfear agus tuarastal maith! Ní fhaca siad
do leanbh fós, ach beidh siad sásta léi. Deir an dochtúir gur
cailín beag sláintiúil í. Scrúdaigh sé inné í.

45

Máire:	Ní raibh a fhios agam gur chuige sin an scrúdú.
Oibrí Sóisialta:	Níl le déanamh agat anois ach na cáipéisí a shíniú agus beidh na tuismitheoirí ábalta í a thabhairt leo.
Máire:	Is mise a máthair. Níl aon tuismitheoir eile aici.
Oibrí Sóisialta:	Beidh tuismitheoirí aici feasta – daoine creidiúnacha a thabharfaidh grá di.
Máire:	Is mise an t-aon duine a thabharfaidh grá do mo leanbh. Ba mhaith liom í a fheiceáil ag fás, gúnaí deasa a dhéanamh di, í a ghléasadh go péacógach.
Oibrí Sóisialta:	Ach caithfidh tú smaoineamh ar leas do linbh. Ní bheidh sí ach mar bhábóg agat.
Máire:	(Go baothdhána – foolhardy) An mbeadh Bean Uí Chinsealaigh sásta an bheirt againn a bheith sa teach aici?
Oibrí Sóisialta:	Ach tá iníonacha dá cuid féin aici.
Máire:	Agus an ndéanfadh m'iníonsa trualliú ar a cuidsean?
Oibrí Sóisialta:	Ó, bímis réadúil anois. Ná habair go mbeifeá ag súil go ligfeadh bean chreidiúnach leanbh tabhartha isteach i measc a cuid iníonacha!
Máire:	Ach bheadh na haltramaithe sásta glacadh léi.
Oibrí Sóisialta:	Is mór an chreidiúint duit an méid grá atá agat do do leanbh, ach caithfidh tú a bheith ciallmhar.
Máire:	Mura bhfuil mo leanbh maith a dhóthain do Bhean Uí Chinsealaigh níl mise ach oiread. Níor mhaith liom éinne a thruailliú.
Oibrí Sóisialta:	Féach, bíodh ciall agat. Níl le déanamh agat nuair a thiocfaidh an dlíodóir ach na cáipéisí a shíniú agus beidh tú saor.
Máire:	Gan mo leanbh a fheiceáil go deo arís.
Oibrí Sóisialta:	Cuimhnigh ar na tuismitheoirí...
Máire:	Is mise an t-aon tuismitheoir.
Oibrí Sóisialta:	Na haltramaithe a mheas mé a rá.
Máire:	Ní chuirfidh mise m'ainm le haon cháipéis a bhéarfaidh uaim mo leanbh. Gheobhaidh mé post i monarcha agus gheobhaidh mé árasán.
Oibrí Sóisialta:	Tá tú stuacach ceanndána. Ba chóir duit smaoineamh ar do leanbh – agus ort féin. B'fhéidir go gcasfaí fear ort agus go bpósfá é.
Máire:	Mura mbeadh sé sásta glacadh le mo leanbh ní déarfainn ach rud amháin leis: "Tabhair do bhóthar ort!"

Gníomh 2
Radharc 1: An Mhonarcha

Tá bainisteoir na monarchan os comhair na cúirte. Faigheann Aturnae 1 amach uaidh gur fhostaigh sé Máire Ní Chathasaigh. Ceistíonn Aturnae 2 ansin é agus faigheann sé amach uaidh gur thug sé trí phunt sa tseachtain do Mháire, cé nach raibh ach dhá phunt deich mar ghnáthráta pá san áit. Ní hamháin sin ach ní bhíodh Máire ag obair ach ar feadh deich n-uaire sa tseachtain. Insíonn an bainisteoir don aturnae go mbíodh sí ag glanadh na leithreas.

Aturnae 2:	Bhíodh sí ag glanadh na leithreas – ar thrí phunt sa tseachtain.
Bainisteoir:	Ní bhíonn le déanamh ach na hurláir a ní gach lá agus na báisíní a shruthlú. Obair dheas bhog!
Aturnae 2:	Agus d'fhostaigh tú an cailín seo chun an obair sin a dhéanamh duit.
Bainisteoir:	Tháinig sí chugam ag lorg oibre. Ní raibh sí oilte. Dúirt sí liom gur bhaintreach í agus go raibh páiste óg aici. Bhí mé ábalta post sealadach a thabhairt di mar bhí an bhean ghlantóireachta tinn ag an am. Bhí mé ábalta post a thabhairt do Bhean Uí Laoire, mar a thug sí uirthi féin.

Deir an bainisteoir go ndearna Máire an obair go sásúil ar feadh ráithe.

Bainisteoir:	Bhí gach aon duine buíoch di. Rinne na hoibrithe bailiúchán i gceann tamaill chun bronntanas a cheannach di. Thug mé féin rud beag éigin di. Bhíomar an-sásta léi. Ní raibh aon locht uirthi.
Aturnae 2:	Mar sin féin thug tú bata agus bóthar di i mí an Mhárta.
Bainisteoir:	Ó, níor thug in aon chor. Is amhlaidh nár tháinig sí isteach. Bhí orm bean eile a fháil chun an obair a dhéanamh.

Míníonn an bainisteoir don aturnae gur chuir sé an mátrún – banaltra oilte a bhí acu sa mhonarcha – chuig Máire chun féachaint an raibh sí ceart go leor. Molann an t-aturnae an bainisteoir as aire a thabhairt dá chuid oibrithe.

Aturnae 2:	Cad a tharla nuair a chuaigh an mátrún chun na háite a raibh an príosúnach ar lóistín ann?
Bainisteoir:	Ní raibh a leithéid de theach ann.

Tá na mná oibre ag éisteacht leis an gcomhrá seo.

Bean Oibre 1: Conas a bheadh sí in ann a bheith ann? Nach bhfuil a
fhios ag an saol gur thit an teach anuas i mí an Mhárta?

Bean Oibre 2: Agus an scéal sna nuachtáin go léir!

Radharc 2: Lasmuigh den Teach Lóistín

*Tá nuachtáin á ndíol ag garsúin nuachtán. Fógraíonn siad mór go bhfuil tithe ag
titim i mBaile Átha Cliath. Tá bean lóistín á ceistiú ag Aturnae 2. Faigheann sé
amach uaithi go raibh seomra ligthe ar cíos aici le Bean Uí Laoire.*

Bean Lóistín: Lig sí uirthi gur bhaintreach í, ach bhí a fhios agam gur
cailín singil a bhí inti agus gur leanbh tabhartha an leanbh.

*Insíonn an bhean lóistín don aturnae go dtugadh sí aire don leanbh i rith an lae.
Leanbh ciúin a bhí inti agus bhíodh sí ina codladh an chuid ba mhó den am.
Thugadh Máire cúig scilling bhreise sa tseachtain di as aire a thabhairt don leanbh.
Cúig scilling déag sa tseachtain a bhí ar an gcíos.*

Aturnae 2: Sin punt sa tseachtain ar fad? D'fhágadh sin dhá phunt
aici chun í féin agus an leanbh a chothú.

Bean Lóistín: Conas a bheadh a fhios sin agamsa? Má ba bhaintreach í
bhí pinsean na mbaintreach aici.

Aturnae 2: Ach ní raibh aon phinsean aici.

Bean Lóistín: Níl a fhios agamsa an raibh nó nach raibh. Caithfidh
mise maireachtáil freisin. Tá seisear clainne orm agus
m'fhear céile as obair le bliain.

Ceistíonn an t-aturnae an bhean lóistín i dtaobh ar tharla i mí an Mhárta

Iad go léir: Thit an teach anuas orainn i mí an Mhárta!

*Tá slua ag féachaint ar an teach atá tar éis titim. Cuireann fear nuachtáin ceist ar
an mbean lóistín céard a tharla. Insíonn sí dó go raibh sí sa chistin ag ullmhú an
dinnéir nuair a thosaigh an teach ag titim isteach uirthi.*

Bean Lóistín: Ní dhearna mise ach breith ar na leanaí i mo bhaclainn
agus rith amach sa tsráid leo.

Mná: Cuir fios ar na gardaí. Cuir fios ar an mBriogáid Dóiteáin.

Tagann Máire.

Máire: Cad a tharla? Mo leanbh? Pádraigín! Cá bhfuil mo leanbh?
Bean Lóistín: An leanbh! Rinne mé dearmad glan ar an leanbh.
Bean: Tá sí sa teach go fóill.
Máire: Mo leanbh! Mo leanbh!

Déanann fear iarracht cosc a chur le Máire, ach ritheann sí suas staighre agus tagann sí ar ais leis an leanbh. Suíonn sí ar thaobh na sráide, an leanbh ina baclainn aici. Tagann Seáinín an Mhótair. Labhraíonn Seáinín leis na mná.

Mailí: Agus níor thug aon duine bheith istigh di.

Deir na mná nach bhfuil aithne acu ar an mbean, gur strainséir í, go bhfuil sí míchairdiúil, go bhfuil sí mór inti féin – agus gan aici ach leanbh tabhartha.

Seáinín: Is mór an náire é go bhfuil sí fágtha ina suí ansin ar thaobh na sráide. Nach féidir le duine ar bith bheith istigh a thabhairt di?

Deir na mná gur cheart don mháthair agus don leanbh a bheith san ospidéal.

Seáinín: An bhfuil siad gortaithe?

Deir na mná nach bhfuil a fhios acu, ach gur chóir dóibh a bheith san ospidéal.

Seáinín: Cé a deir gur tír chríostaí í seo?

Téann Seáinín anonn agus aithníonn sé Máire. Cuireann sé ceist uirthi an bhfuil sí féin nó an leanbh gortaithe. Insíonn fear atá i láthair dó gur thit clár adhmaid trasna ar an gcúinne den seomra ina raibh an pram agus gur shábháil sé an leanbh.

Seáinín: Agus na mná sin ag faire ort agus gan barr méire á ardú ag aon duine acu chun fóirithint ort.

Deir sé go dtógfaidh sé í áit ar bith is mian léi sa sheanmhótar, atá aige timpeall an chúinne. Tagann Mailí anall agus aithníonn sí gur Máire Ní Bhriain atá i láthair.

Mailí: Tógaimis í chun mo thíse.

Déanann Mailí iarracht ar an leanbh a thógáil.

49

Mailí:	Ní mian léi scaradh leis an leanbh.

Labhraíonn Seán agus Mailí go cineálta le Máire agus tugann siad leo í.

Seáinín:	Cad a déarfadh an mátrún dá bhfeicfeadh sí anois mé?

Radharc 3: Fianaise Mhailí

Ceistíonn Aturnaetha 1 agus 2 Mailí agus faigheann siad amach uaithi gur thug sí Máire agus an leanbh abhaile léi. Cuirtear ceist uirthi cén sórt tí atá aici.

Mailí:	Cíbé sórt tí é níl sé ag titim anuas ar mhná ná ar pháistí, ná ní teach doicheallach é.

Tugann Mailí an t-eolas seo a leanas d'Aturnae 1: Bhí seomra dá gcuid féin ag Máire agus an leanbh; chaill Máire cibé airgid a bhí aici sa tine – mar aon le héadaí an linbh agus a cuid éadaigh féin.

Aturnae 2:	Nach ndeachaigh sí ar ais ag obair sa mhonarcha?
Mailí:	Bhí sí mar a bheadh bean bhuille go ceann tamaill. Ní ligfeadh sí an leanbh as a radharc.
Aturnae 1:	An dóigh leat go raibh an teach sin oiriúnach do chailín dá leithéid agus do leanbh neamhurchóideach?
Mailí:	Bhuel, don diabhal leis an mbeirt agaibh.

Radharc 4: Teach Mhailí

Tagann Mailí chuig Máire, buidéal bainne aici agus ceaintíní bia aici.

Mailí:	Huh! Croith suas tú féin. Ná bí suite ansin i gcónaí ag déanamh trua duit féin.
Máire:	Más ag gearán atá tú imeoidh mé féin agus an leanbh láithreach.
Mailí:	Ó, níl mise ag déanamh mórán duit, ach caithfidh tú féachaint romhat. Ba chóir go gcabhródh athair an linbh libh.
Máire:	B'fhearr liom bás a fháil den ghorta.
Mailí:	An rachfá ar ais ag obair sa mhonarcha?
Máire:	Bheadh eagla orm go dtarlódh aon rud do Phádraigín fad a bheinn amuigh. Ba mhaith liom súil a choimeád uirthi go dtí go mbeidh sí níos crua.

Mailí:	Bhuel, bheadh bean an tí sásta seomra a thabhairt duit saor ó chíos ach an teach a choimeád glan di. Agus déarfainn go mbeadh na lóistéirí sásta cúpla scilling in aghaidh na seachtaine a thabhairt duit.
Máire:	Bheadh sé sin go hiontach. Is aingeal tú, a Mhailí.
Mailí:	Aingeal dubh mé, go bhfóire Dia orm! Agus cá bhfios ach go bhfaighfeá fear breá i measc na bhfear a thagann go dtí an teach seo a phósfaidh tú.
Máire:	Ná habair é sin.

Radharc 5: Fianaise Choilm

Tá Colm ag caint le buachaill eile. Glaoitear os comhair na cúirte é. Imíonn an buachaill eile. Cuireann Aturnae 1 ceist air an cuimhin leis oíche an rince nuair a chuir sé duine éigin in aithne do Mháire Ní Chathasaigh.

Colm:	Ná cuirtear an milleán ormsa. Ní dhearna mise ach iad a chur in aithne dá chéile. Cailín deas neamhurchóideach a bhí inti agus ní fhaca mé go ceann i bhfad ina dhiaidh sin í – sa chathair.

Siúlann Máire trasna an stáitse. Imíonn oifigigh na cúirte. Beannaíonn Colm agus Máire dá chéile. Aithníonn siad a chéile. Deir Colm gur cuimhin leis í ag canadh 'Siúil, a ghrá'. Tugann sé cuireadh di cupán caife a ól leis sa bhialann atá in aice láimhe.

Radharc 6: An Caife

Ordaíonn Colm cupán caife an duine don bheirt acu. Sin an méid atá ag teastáil ó Mháire. Insíonn Máire dó go bhfuil sí sa chathair le bliain.

Colm:	Bí mé ag cur do thuairisce nuair a bhí mé sa bhaile um Nollaig, ach ní raibh a fhios ag na comharsana cá raibh tú. Shíl mé go raibh tú sna mná rialta. Chonaic mé do dheartháir, Seán. Oireann an t-éadach dubh go breá dó. Cloisim go bhfuil an deartháir ag cuimhneamh ar phósadh.
Máire:	An bhfuil?… Níor chuala mé… Níor inis sé dom é… ina litir… Cé hí an cailín?
Colm:	Duine de na Búrcaigh. Ach éist, an dtiocfá ag rince liom anocht?

Insíonn Máire dó go mbeidh sí gnóthach anocht – agus oíche amárach,

Colm: Is leor nod don eolach. An bhfuil tú fós ag smaoineamh ar
dhul sna mná rialta?

Máire: Ní raibh ansin ach brionglóid – brionglóid nár fíoradh.

*Nuair a insíonn Máire do Cholm nach bhfuil buachaill ar bith sa chathair aici tá
ionadh air nach bhfuil buachaill ag cailín atá 'chomh mealltach' léi. Insíonn sé di go
raibh sé an-tógtha léi an oíche ar chuir sé Pádraig Mac Cárthaigh in aithne di.*

Máire: Conas…conas tá Pádraig? An bhfuil feabhas ar bith ar a
bhean?

*Insíonn Colm di go bhfuil Pádraig 'lán de cheol' agus go bhfuair a bhean bás mí i
ndiaidh do Mháire imeacht. Tá ionadh ar Cholm nach bhfuil an t-eolas sin ag
Máire.*

Colm: Tá tóir ag Pádraig ar na cailíní anois. Sílim go bhfuil
an-suim ag an máistreás óg ann.

*Gabhann Máire a leithscéal le Colm agus imíonn sí gan an cupán caife a ól.
Caitheann Colm airgead ar an mbord agus imíonn sé. Glanann na cailíní freastail
an bord agus imíonn siad. Tagann Máire agus suíonn sí ag an mbord. Tosaíonn sí
ag scríobh.*

Máire: A Phádraig, a chroí liom, ní féidir liom a bhfuil i mo chroí
duit a scríobh ar pháipéar. Dúirt tú liom gan scríobh
chugat, gan d'ainm a lua. Is mise do bhean agus caithfidh
mé rud a dhéanamh ort. Ní scríobhfaidh mé chugat, mar tá
a fhios agam go dtiocfaidh tú chugam. Tiocfaidh tú go luath.

Cloistear guth Phádraig amuigh.

Pádraig: Ná téigh suas an staighre sin. Is fuath liom staighrí.

*Tagann Mailí agus insíonn sí do Mháire gur casadh beirt fhear sa tsráid uirthi.
Iarrann sí uirthi labhairt le duine acu – fear breá galánta – máistir scoile. Imíonn
Mailí agus tagann Pádraig isteach. Tá sé beagán ólta.*

Pádraig: Cé thusa? Hé! Tá aithne agam ortsa! Tusa Máire Ní
Chathasaigh!

Máire: Ó, a Phádraig, bhí a fhios agam go dtiocfá!

Insíonn Máire dó gur fhulaing sí a lán ó bhí siad le chéile agus gur thit an teach uirthi féin agus ar Phádraigín.

Pádraig: Pádraigín?

Máire: Ní fhéadfainn gan Pádraigín a bhaisteadh uirthi - ar
                    m'iníon agus ar d'iníonsa.

Pádraig: M'iníonsa? A Chríost! M'iníonsa!

Insíonn Máire dó gur leanbh álainn í. Deir sí go ndúiseoidh sí an leanbh.

Pádraig: Ná déan. Ní theastaíonn uaim í a fheiceáil.

Máire: Ach, is leatsa í. Chuir tú fáinne ar mo mhéar: 'Leis an
                    bhfáinne seo déanaim tú a phósadh' a dúirt tú.

Insíonn Pádraig di go bhfuil sé pósta le sé mhí. Phós sé an mháistreás scoile.

Máire: *(go mall)* Ní chun mise a fheiceáil a tháinig tú anseo.
                    Tháinig tú le Mailí - go teach an mhí-chlú. Mheall tú an
                    bhean eile, mar a mheall tú mise, agus bhí ort í a phósadh.

Pádraig: Ní fíor é sin.

Máire: Ní fearr í ná mise.

Pádraig: Is beag is ionann sibh – a striapach.

Tagann Colm agus Mailí isteach. Tá buidéal ag Colm. Molann sé Pádraig Mac Cárthaigh.

Colm: Fear fáidhiúil é Pádraig. Fear fuinniúil groí. Bean á cur
                    agus bean á pósadh in aon bhliain amháin aige. Ólaimis a
                    shláinte agus sláinte gach aon óinsín tuaithe ar leor focal
                    bog bladrach chun í a mhealladh.

Aithníonn Colm Máire.

Colm: A Phádraig, Máire Ní Chathasaigh, féach!

Pádraig: Téanam ort as seo.

Imíonn na fir. Imíonn Mailí. Cloistear 'Siúil, a ghrá' á chanadh lasmuigh den stáitse. Téann Máire suas staighre go mall.

Radharc 7: Fianaise Mhailí

Insíonn Mailí do lucht na cúirte go bhfuair sí boladh an gháis ina seomra féin thuas staighre. Síos léi. Bhí cúisíní sáite faoin doras agus píosa ceirte sáite i bpoll na heochrach. Bhí sí ródhéanach. Bhí ceann an linbh sáite san oigheann ag Máire. Bhí cosa an linbh fáiscthe lena hucht aici. Bhí siad marbh.

Mailí: Ní ligfeadh sí an leanbh a dhul uaithi i ndorchacht na síoraíochta gan í féin a dhul in éineacht léi.

Tosaíonn Mailí ag gol.

Glór Mháire: Mharaigh mé mo leanbh de bhrí gur cailín í. Tá sí saor anois. Ní bheidh sí ina hóinsín bhog ghéilliúil ag aon fhear. Tá sí saor.

Radharc 8: An Reilig

Tá na haisteoirí go léir i láthair. Deir Aturnae 2 gurb í an bhreith a thug an coiste cróinéara ná dúnmharú agus féinmharú.

Aturnae 2: Ach sibhse a bhfuil na cúrsaí ar fad ar eolas agaibh, cé is dóigh libh is ceart a chiontú?
Máthair: Ná féachaigí ormsa. Thóg mise í go creidiúnach agus go críostúil.

Imíonn an mháthair.

Seán: Náirigh sí sinn. Bhí orm éirí as an tsagartóireacht. Ní fhéadfainn aghaidh a thabhairt ar mo chomrádaithe sa choláiste.

Imíonn Seán.

Liam: Bhris Beití an cleamhas. Ní raibh sí in ann an phoiblíocht a sheasamh.

Imíonn Liam.

Bainisteoir: Chuir mise ag glanadh na leithreas í. Ach caithfidh duine éigin an obair sin a dhéanamh.

Imíonn an bainisteoir.

Bean Uasal: Ní fhéadfainn í a choimeád sa teach. Cad a déarfadh na comharsana?

Imíonn Bean Uí Chinsealaigh.

Oibrí Sóisialta: Rinne mé mo dhícheall. Bhí sí stuacach ceanndána. Ní scarfadh sí leis an leanbh.

Imíonn an t-oibrí sóisialta.

Seáinín: Bhris sí na rialacha. An té a bhriseann rialacha an chluiche cailltear é.

Imíonn Seáinín. Labhraíonn roinnt ban le chéile faoin tsochraid a bhí ag Máire – an bheirt acu in aon chónra. Imíonn na mná.

Mailí: Bhí sí dílis don fhear a bhréag í. Thug sí an rún isteach san uaigh léi. Ba chóir go mbeadh aithreachas ar an bhfear sin.

Imíonn Mailí. Cloistear 'Siúil, a ghrá' arís. Tagann Pádraig agus seasann sé le taobh na huaighe. Casann sé cába a chóta aníos thar a mhuinéal agus imíonn sé.

Ceisteanna agus Freagraí

Ceist 1: An Plota

"Ní éiríonn leis an dráma seo toisc nach bhfuil inchreidteacht ar bith ag baint leis an bplota ann." É sin a phlé.

An Freagra

Ní aontaímse leis an ráiteas thuas in aon chor. Plota agus téama an-réadúil[1] ar fad atá i gceist sa dráma seo, 'An Triail'. Plota sochreidte[2] amach is amach atá ann – faoi chailín óg singil a bhí ag iompar clainne[3] agus í sa riocht[4] sin mar gheall ar an gcaidreamh[5] a bhí aici le fear pósta. Ba mhinic a tharlaíodh rudaí mar sin sna seascaidí, nuair a cumadh an dráma seo, agus tá siad ag tarlú go forleathan fós inniu. Dá bhrí sin, níl amhras ar bith ach go bhfuil réadúlacht agus inchreidteacht[6] bainteach go mór le bunsmaoineamh agus le plota 'An Triail'.

Téann Máire Ní Chathasaigh, cailín óg soineanta[7], chuig rince atá ar siúl sa teach scoile. Castar máistir scoile darb ainm Pádraig Mac Cárthaigh uirthi agus déanann siad rince le chéile. A luaithe is a chloiseann Máire guth Phádraig tá sí faoi dhraíocht aige. Tá bua na cainte[8] aige agus baineann sé úsáid iomlán as an mbua sin. Ag deireadh na hoíche téann an bheirt acu amach ag siúl le chéile agus suíonn siad ar an droichead. Oíche Bhealtaine atá ann agus tá draíocht ag baint le hatmaisféar na hoíche. Ní fhéadfadh suíomh ní ba nádúrtha ná ní ba réadúla ná sin a bheith sa dráma. Tá plota inchreidte ann gan dabht ar bith.

Cé go bhfuil Pádraig pósta labhraíonn sé go fileata[9] le Máire faoi áilleacht a coirp is a pearsantachta. Insíonn sé di nach bhfuil an tsláinte go rómhaith ag a bhean chéile agus nach bhfuil ag éirí go rómhaith idir an bheirt acu. Níl ar siúl aige i rith an ama, ar ndóigh, ach é ag iarraidh an bhean óg shaonta[10] a mhealladh[11] ionas go mbeidh sí sásta a ainmhian chorportha[12] a shásamh. Agus éiríonn leis. Cailín saonta muiníneach[13] í Máire agus creideann sí an uile fhocal as béal Phádraig. Nach minic a d'imir fir an cleas céanna ar mhná neamhurcóideacha[14] ó thús ama! Agus nach bhfuil an rud céanna ar siúl go forleathan ar fud an domhain fós inniu! Réadúlacht agus inchreidteacht gan amhras ar bith!

Téann Pádraig i bhfeidhm ar Mháire go dtí go n-éiríonn leis í a chur faoi gheasa[15] ar fad agus, ar deireadh thiar thall, éiríonn leis greim mhaith a fháil uirthi. Cuireann sé dallamullóg[16] uirthi nuair a deir sé gur rud 'beannaithe' atá sa chaidreamh idir an bheirt acu. Nuair a chuireann Pádraig an fáinne ar a méar agus nuair a deir sé "Leis an bhfáinne seo déanaim tú a phósadh" creideann sí gur geallúint shollúnta[17] é sin ó Phádraig go mbeidh siad le chéile go deo. Nach minic a éiríonn le fir dallamullóg a chur ar mhná óga fós inniu ar fud an domhain? Nach léiríonn an méid seo arís go bhfuil inchreidteacht ag baint le plota an dráma seo?

Cuireann Pádraig iallach[18] ar Mháire gan a ainm a lua le haon duine, gan scríobh chuige go deo. Ar an gcaoi sin tá sé á chosaint féin – ar eagla go gcaillfidh sé a phost sa scoil.

Titeann Máire bhocht go mór i ngrá leis agus, chomh maith leis sin, creideann sí go bhfuil seisean i ngrá léi-se féin freisin. Ach tá dul amú uirthi. Chomh luath is a fhaigheann Pádraig amach go bhfuil sí ag iompar linbh, cailleann sé a chuid suime inti. Tréigeann sé[19] an bhean óg agus tréigeann sé an leanbh freisin. Seanscéal agus meirg[20] air, mar a déarfá! Is fíor go bhfuil athrú beag éigin tagtha ar an saol inniu, ach tá cuid mhaith fear ann fós a bhíonn sásta mná bochta óga a fhágáil i gcruachás – díreach mar a rinne Pádraig. Tuigimid ón méid sin go mbaineann plota an dráma seo go mór le gnáthshaol na seascaidí – agus le gnáthshaol an lae inniu.

Ina dhiaidh sin leanann Máire a bealach truamhéalach[21] tragóideach[22] féin – faoi mar a tharla do chuid mhaith ban óg sna seascaidí agus faoi mar atá ag tarlú fós inniu. Tá uirthi imeacht ó bhaile agus aghaidh a thabhairt ar an saol crua atá roimpi ina haonar: "An ród atá romham caithfidh mé aghaidh a thabhairt air i m'aonar."

Bristear croí Mháire nuair a chastar Pádraig uirthi i dteach Mhailí. Ní theastaíonn uaidh an leanbh a fheiceáil – agus is léir nach dteastaíonn uaidh Máire a fheiceáil ach oiread. Tugann sé 'striapach[23]' uirthi agus imíonn sé uaithi.

An oíche sin maraíonn Máire an leanbh agus cuireann sí lámh ina bás féin. Scéal tragóideach a thuigfeadh cuid mhaith daoine a bhí beo le linn na seascaidí!

Creidim féin go bhfuil plota an dráma seo thar a bheith inchreidte. Is gné choitianta de shaol na tíre seo é an t-ábhar atá ann. Gach uile bhliain feicimid na mílte is na mílte cailíní ar nós Mháire sa chruachás céanna[24]. Féach an méid díobh a théann i muinín an ghinmhillte[25]. B'fhéidir go bhfuil dearcadh an phobail i leith na faidhbe níos leathanaigeanta[26] inniu ná mar a bhí sé nuair a bhí Máire beo, ach fós féin maireann daoine ar nós Mháire i ngach sráidbhaile agus baile mór in Éirinn.

Rud eile a thugann increidteacht láidir don dráma seo ná an chaoi a dtugann sé siar go muid go dtí eachtraí a tharla le linn do Mháire a bheith beo agus ar ais arís go dtí teach na cúirte. Cuirtear dearcadh an phobail in iúl go soiléir dúinn nuair a labhraíonn na <u>finnéithe</u>[27] go léir os comhair na cúirte.

Ní aontaím in aon chor, mar sin, leis an ráiteas: "Ní éiríonn leis an dráma seo toisc nach bhfuil inchreidteacht ar bith ag baint leis an bplota ann."

Gluais

1.	realistic
2.	easy to believe
3.	pregnant
4.	in that condition
5.	contact
6.	credibility
7.	innocent
8.	the 'gift of the gab'
9.	poetically
10.	naive/gullible
11.	to entice/to deceive
12.	lust
13.	trusting
14.	innocent
15.	under a spell
16.	deception
17.	solemn promise
18.	compulsion
19.	he deserts
20.	rust
21.	pathetic
22.	tragic
23.	prostitute
24.	in the same predicament
25.	who choose abortion
26.	broadminded
27.	witnesses

Ceist 2: Bean Uí Chathasaigh

Déan plé ar an bpáirt a ghlacann **Bean Uí Chathasaigh** sa dráma **agus** ar an mbaint atá aici leis an bpríomhphearsa.

An Freagra

Is í Bean Uí Chathasaigh máthair Mháire. Glacann sí páirt thábhachtach sa dráma seo. Bheifeá ag ceapadh, ós rud é gur máthair í féin, go mbeadh trua aici dá hiníon Máire, nuair <u>is léir di</u>[1] go bhfuil Máire <u>ag iompar linbh</u>[2]. <u>A mhalairt ar fad</u>[3] atá fíor, áfach.

<u>Baintreach</u>[4] is ea Bean Uí Chathasaigh. Ar an ábhar sin tá uirthi an chlann a thógáil gan chabhair ó aon duine - "mé mar mháthair agus mar athair oraibh in éineacht."

Is duine <u>tiarnúil</u>[5] í. Coinníonn sí smacht láidir ar a clann. Tá eagla mhór ar na páistí roimpi. Tá plean saoil leagtha amach aici don triúr acu. Beidh Seán ina shagart, Máire ina bean rialta agus Liam i mbun na feirme, dar léi.

Bean láidiraigeanta[6] is ea í. An rud is tábhachtaí ina saol ná tuairim agus dearcadh na gcomharsan ina leith. Nuair a bhí sí os comhair na cúirte dúirt sí nár chóir 'aon phioc den mhilleán' a chur uirthi mar gheall ar <u>ghníomhartha</u>[7] a hiníne. "Thóg mise <u>go creidiúnach</u>[8] agus go críostúil í," ar sise. "Mé náirithe os comhair na gcomharsan…ag síneadh a méara fúm agus ag magadh fúm…"

<u>Caitheann sí go dona le Máire</u>[9] nuair a fhaigheann sí amach go bhfuil sí ag iompar. Arís, is é an rud is mó atá <u>ag cur as di</u>[10] ná tuairim na gcomharsan. Cuireann sí brú ar Mháire Pádraig Mac Cárthaigh a phósadh. Deir sí, mura bpósann sé í, go mbeidh sí féin agus a muintir náirithe os comhair an pharóiste. Deir sí nach ligfear Seán isteach i Maigh Nuad le bheith ina shagart. "Mallacht ar an té a tharraing an náire seo anuas orainn," ar sise. "Agus mallacht Dé anuas ortsa, a…striapach."

Tá sé soiléir nach bhfuil puinn <u>daonnachta</u>[11] ag baint le Bean Uí Chathasaigh. Tugann sí bata agus bóthar do Mháire agus <u>diúltaíonn sí</u>[12] aon chabhair a thabhairt di. Na tréithe a léiríonn sí, is tréithe iad a bhí coitianta go maith in Éirinn go dtí scór bliain nó mar sin ó shin. Is bean chríostúil <u>chráifeach</u>[13] í i súile an phobail, ach, i ndáiríre, níl inti ach bean fhuar <u>mhídhaonna</u>[14].

Gluais

1.   it is clear to her
2.   pregnant
3.   the direct opposite
4.   widow
5.   domineering
6.   strongminded
7.   actions
8.   respectably
9.   she treats Máire badly
10.   bothering her
11.   humanity
12.   she refuses
13.   religious
14   inhuman

Ceist 3: Mailí

Déan plé ar an bpáirt a ghlacann **Mailí** sa dráma **agus** ar an mbaint atá aici leis an bpríomhphearsa.

An Freagra

Buaileann Máire le Mailí i dteach tearmainn[1] i mBaile Átha Cliath. Tá Mailí sa chás céanna le Máire, í imeallaithe[2] ag an gcineál saoil a bhí forleathan[3] in Éirinn sna seascaidí luatha[4]. Tá Mailí réidh le himeacht ón teach tearmainn um an dtaca seo agus tá sí sásta a leanbh a chur ar altram[5]. Éiríonn Mailí agus Máire cairdiúil le chéile agus míníonn Mailí do Mháire cad is ciall le haltramacht.

Nuair a thiteann an teach anuas ar Mháire ina dhiaidh sin agus, nuair atá sí gan dídean[6], is í Mailí a thagann i gcabhair uirthi agus a thugann isteach í agus a thugann lóistín di ar an gcoinníoll go gcoimeádfaidh sí an teach glan.

Deir Máire léi "Is aingeal tú, a Mhailí" agus freagraíonn Mailí "Aingeal dubh mé, go bhfóire Dia orm!"

Tá codarsnacht[7] mhór idir carthanacht[8] agus macántacht[9] Mhailí agus na mná eile sa dráma atá ina bhfimínigh[10] fhuara bhréagchráifeacha[11]. Cé go bhfuil Mailí ina striapach[12], tá críostaíocht agus féile[13] mar thréithe aici agus is í an t-aon duine amháin í <u>a shileann deora</u>[14] ag deireadh an dráma. Cara <u>dílis</u>[15] ag Máire ba ea í agus, i gcomparáid le Bean Uí Chinsealaigh agus le hÁine Ní Bhreasail, an t-oibrí sóisialta, ba loinnir gheal lonrach í i ndorchadas na tragóide seo.

Gluais

1. refuge
2. marginalised
3. widespread
4. in the early sixties
5. into fosterage
6. without shelter
7. contrast
8. charity
9. honesty
10. hypocrites
11. sanctimonious
12. prostitute
13. generosity
14. who sheds tears
15. loyal

Ceist 4: Bua agus Laige

Luaigh agus léirigh bua **amháin** agus laige **amháin** a bhaineann leis an dráma seo, dar leat.

An Freagra
(i)
Bua amháin
An bua is mó a ghabhann le 'An Triail' mar dhráma, i mo thuairimse, ná an stíl drámaíochta a chleachtann an drámadóir, Máiréad Ní Ghráda, ann.

Is dráma láidir <u>corraitheach</u>[1] é. Tá an plota agus an téama <u>conspóideach</u>[2] agus <u>tráthúil</u>[3]. Faighimid <u>léargas</u>[4] ann ar shaol na hÉireann agus ar dhearcadh an phobail i gcoitinne i leith ceann de mhórfhadhbanna sóisialta agus moráltachta na haoise seo caite: cailín óg truamhéileach a raibh páiste aici le fear pósta.

Tugtar le tuiscint dúinn sa dráma seo go ndéantar cailín mar seo a dhíbirt[5], a imeallú[6] agus a chéasadh[7]. Feicimid go soiléir an fhimíneacht[8] atá go forleathan sa tír seo.

Díríonn an drámadóir ár n-aire ar an scoilt[9] idir an chríostaíocht agus an charthanacht[10], idir saontacht[11] Mháire agus an domhan mór doicheallach[12] atá timpeall uirthi. Íobartach[13] í Máire. Fulaingíonn sí[14] an t-uafás. Maraíonn sí a híníon agus cuireann sí lámh ina bás féin, mar go bhfuil sí tréigthe ag a muintir, ag a leannán[15] agus ag an bpobal. Dírítear ár n-aire[16] sa dráma seo ar sheasamh sóisialta na mban in Éirinn sna seascaidí.

Cuireann Máiréad Ní Ghráda dráma práinneach[17] os ár gcomhair. Tá cuid mhór den scéal suite sa seomra cúirte. Baintear leas as na haturnaetha agus as an triail chúirte le dul i bhfeidhm orainne, an lucht féachana. Fágtar fúinn ár mbreith[18] féin a thabhairt i leith an chailín óig. Tarraingítear isteach sa dráma sinn. Is finnéithe[19] muid. Tá orainn breith a thabhairt ar an gcineál sochaí[20] as a n-eascraíonn[21] imeachtaí uafásacha an dráma. Tá práinn mhór ag baint lenár bpáirt féin ann.

Cleas eile a úsáideann an drámadóir ná 'iardhearcadh'[22]. Téann imeachtaí an dráma seo siar is aniar an t-am go léir. Teicnic éifeachtach í seo, a chuireann go mór leis an atmaisféar agus leis an teannas[23].

(ii)
Laige amháin
An laige is mó atá sa dráma seo, dar liom, ná easpa doimhneachta[24] na gcarachtar ann. Ní dóigh liom go ndéantar a dhóthain forbartha[25] ar na carachtair. Leagtar an bhéim ar fad, nach mór, ar an bplota agus ar imeachtaí an dráma.

Tá formhór na gcarachtar róshimplí, ró-'dhubh agus bán', dar liom. Níl iontu ach comharthaí sóirt[26] chun an scéal a nochtadh dúinne, an lucht féachana.

Tóg Máire, mar shampla. Cailín óg soineanta neamhurchóideach[27] í. Tosaíonn sí ag siúl amach le máistir scoile pósta i bparóiste beag faoin tuath. Creideann sí gach a ndeir sé. Ligeann sí dó cumhacht iomlán a fháil uirthi, idir anam agus chorp. Níl sí sásta a ainm a lua le haon duine, fiú nuair a thuigeann sí nach bhfuil ann ach duine gránna.

Ní dóigh liom go ndéantar forbairt cheart ar Máire mar charachtar. Baineann an laige chéanna le formhór na gcarachtar eile: cléireach na cúirte, Bean Uí Chinsealaigh, Áine Ní Bhreasail, an sagart agus bainisteoir na monarchan.

Is beag daonnacht[28], doimhneacht[29] ná substaint[30] atá le tabhairt faoi deara sna carachtair. Níl iontu ach pearsana éadoimhne[31]. Maidir le Pádraig Mac Cárthaigh, Bean Uí Chathasaigh agus Mailí, measaim go ndéantar forbairt bheag éigin orthu.

Ar ndóigh, creidim gur d'aon ghnó[32] a tharlaíonn sé seo. Bhí sé i gceist ag Máiréad Ní Ghráda scéal láidir tragóideach[33] a chur os ár gcomhair. B'in a príomhdhualgas[34] mar dhrámadóir, dar léi. Creidim go raibh an ceart aici sa mhéid sin.

Maidir le Máire, an phríomhphearsa, áfach, ní dóigh liom go ndéantar forbairt cheart ar a carachtar. Is dóigh liom gur laige mhór é sin.

Gluais

1.	exciting	18.	judgement
2.	controversial	19.	witnesses
3.	timely/relevant	20.	society
4.	insight	21.	grow
5.	reject	22.	flashback
6.	marginalise	23.	tension
7.	torment	24.	lack of depth
8.	hypocrisy	25.	sufficient development
9.	split	26.	tokens/appearances
10.	charity	27.	innocent
11.	naivety	28.	humanity
12	hostile	29.	depth
13.	victim	30.	substance
14.	she suffers	31.	shallow
15.	lover	32.	deliberately
16.	our attention is drawn (to)	33.	tragic
17.	urgent	34.	chief duty

Ceist 5: An Tragóid

Déan trácht ar an tragóid a léirítear sa dráma seo agus ar an gcaoi a gcuirtear an tragóid sin os ár gcomhair.

An Freagra

Léiríodh[1] an dráma, 'An Triail' den chéad uair, ar 22ú Meán Fómhair 1964 i Halla an Damer i mBaile Átha Cliath. Caitlín Maude, amhránaí agus file, a ghlac páirt Mháire ann. Ba é 'An Triail' an t-aonú dráma déag de chuid Ní Ghráda a léiríodh ar an stáitse.

Is é 'An Triail' an dráma is mó cáil dá cuid agus is é an dráma is mó cáil sa Ghaeilge é freisin. Dráma cróga, réabhlóideach[2] a bhí ann ag an am, mar is léir ó cheann de na moltaí a scríobh an léirmheastóir amharclainne[3], Harold Hobson, ina thaobh tar éis an léirithe. *As soon as it began, 'An Triail', lit in me a candle of appreciation which was never put out.*

Tá an dráma, 'An Triail', bunaithe ar scéal cailín óig, Máire Ní Chathasaigh, atá ag iompar clainne[4] de bharr an chaidrimh[5] a bhí aici le fear pósta, an máistir scoile, Pádraig Mac Cárthaigh. Chomh luath is a fhaightear amach go bhfuil sí torrach[6], déantar í a imeallú[7] agus a sheachaint[8] agus bíonn uirthi imeacht go Baile Átha Cliath.

Sin an tragóid a léirítear sa dráma seo. Tá an tragóid bunaithe ar an dearcadh cúng, bréagchráifeach[9], fiimíneach[10] a bhí ag daoine i leith cailíní singil a bhí ag iompar clainne. Seo mar a labhraíonn a máthair ina taobh:

'Mé náirithe os comhair na gcomharsan. Iad ag síneadh a méara fúm agus ag magadh fúm má théim ar aonach nó ar mhargadh nó fiú chun an aifrinn Dé Domhnaigh.'

Níl an mháthair buartha faoina hiníon, Máire, ach tá sí buartha faoi chaint na gcomharsan.

Mar a deir Seán, deartháir Mháire: 'Tharraing sí náire orainn i láthair na gcomharsan'.

Fiú tá a máthair chomh nimhneach[11] sin léi go gcuireann sí mallacht[12] uirthi: 'Agus mallacht Dé anuas ortsa...a striapach[13]!'

Ach ní thagann aon mhaolú[14] ar thrioblóidí Mháire i mBaile Átha Cliath ach

64

oiread. Fostaítear mar chailín aimsire í, ach nuair a fhaigheann bean an tí amach go bhfuil sí torrach, tugann sí bata agus bóthar di. Bíonn uirthi dul isteach i dteach tearmainn do mhná singil torracha.

Téann cúrsaí chun donais ina dhiaidh sin. Fostaítear ar feadh tamaill i monarcha[15] í nuair a shaolaítear[16] a páiste, ach cailleann sí an post sin freisin. Ansin, tógann a cara, Mailí, an striapach, isteach í agus tugann sí dídean[17] di. Ag deireadh an dráma feicimid Máire i ndeireadh na feide[18] ar fad. Tá sí ina haonar, í tréigthe ag a muintir agus ag a cairde. Cuireann sí a leanbh féin chun báis. 'Mharaigh mé mo leanbh de bhrí gur cailín í. Fásann gach cailín suas ina bean. Ach tá m'iníon saor. Tá sí saor. Ní bheidh sí ina hóinsín bhog ghéilliúil ag aon fhear.'

Ansin cuireann sí lámh ina bás féin. Deireann Seáinín an Mhótair ag deireadh an dráma: 'Bhris sí na rialacha. An té a bhriseann rialacha an chluiche, cailltear ann é!'

Léiríodh an tragóid seo go han-éifeachtach, dar liom. Tá an dráma suite i gcúirt dlí agus tugann na carachtair go léir fianaise[19] os comhair na cúirte. Cuireann sé seo go mór le dramatúlacht na tragóide, dar liom.

Téann an dráma i bhfeidhm go mór orainn, mar tuigtear dúinn go bhfuil Maire i gcruachás[20] agus nach bhfuil ar a cumas éalú ón tsáinn ina bhfuil sí. Tá sí sáinnithe[21] ag cúngaigeantas[22], ag fimíneacht agus ag danarthacht[23] na sochaí[24] agus na heaglaise a bhí i réim in Éirinn ag tús na seascaidí. Ba léiriú é an dráma ar na caighdeáin dhúbhailte[25] a bhí coitianta ag an am sin agus ar an drochíde[26] a tugadh do mháithreacha singil. Ba dhamnú[27] é ar an gcineál saoil a bhí i bhfeidhm sa tír ag an am agus ar an meon suarach[28] a bhí le sonrú[29] i measc an phobail i gcoitinne i dtaobh ceisteanna den chineál seo.

Cuirtear an dráma os ár gcomhair go héifeachtach agus éiríonn le Máiréad Ní Ghráda an fhimínteacht agus an cur i gcéill[30] a nochtadh don saol mór go healaíonta[31] agus go drámatúil. Scrúdaíonn sí an dearcadh a bhí ann ag an am i leith na ceiste seo agus damnaíonn sí na húdaráis[32] go léir, go háirithe an eaglais Chaitliceach, a raibh baint acu leis an dearcadh seo a chothú[33] i measc an phobail. Tá deireadh an dráma thar a bheith brónach agus tragóideach agus téann sé i bhfeidhm ar an lucht féachana, fiú breis is daichead bliain ar aghaidh.

D'fhéadfá a rá, is dócha, gur athraigh an tragóid sa dráma seo aigne an phobail i dtaobh cailíní torracha neamhphósta ar shlí amháin nó ar shlí eile agus sin é an bua is mó atá aige mar dhráma agus ag Ní Ghráda mar dhrámadóir. Ní beag sin.

Gluais

1.	was produced	18.	at the last gasp
2.	revolutionary	19.	evidence
3.	theatre critic	20.	in a quandary
4.	pregnant	21.	hemmed in
5.	contact	22.	narrow-mindedness
6.	pregnant	23.	barbarity
7.	marginalise	24.	society
8.	avoid	25.	double standards
9.	sanctimonious	26.	ill-treatment
10.	hypocritical	27.	damning
11.	venomous	28.	small-mindedness
12.	curse	29.	noticeable
13.	prostitute	30.	pretence
14.	decline	31.	artistically
15.	factory	32.	the authorities
16.	is born	33.	foster/nurture
17.	shelter		

Ceist 6: Pádraig Mac Cárthaigh

Scríobh tuairisc ar an bpáirt a ghlacann **Pádraig Mac Carthaigh** sa dráma agus ar an mbaint atá aige leis an bpríomhphearsa.

An Freagra

Tá baint mhór ag Pádraig leis an bpríomhphearsa, Máire Ní Chathasaigh, sa dráma seo. Is é Pádraig údar gach oilc[1] i saol Mháire. Is duine slim[2] sleamhain[3] é gan puinn scrupaill[4]. Is breagadóir[5] é agus duine a dhéanfadh aon rud lena mhianta[6] féin a shásamh.

Buailimid leis ar dtús ag an rince sa teach scoile. Is léir go bhfuil sé ina fhimíneach críochnaithe[7] cheana féin: É "ina theagascóir gan onóir i gcaitheamh na seachtaine, ina shéiplíneach gan ord maidin Dé Domhnaigh."

Meallann sé[8] Máire. Tuigeann sé go maith go bhfuil sí óg agus saonta[9] agus go bhfuil sé ar intinn aici dul sna mná rialta. Labraíonn sé le drochmheas[10] léi faoina bhean chéile, nuair a insíonn sé di go bhfuil galar gan leigheas uirthi agus mar sin de.

An rud is measa ar fad faoi ná go n-iarrann sé uirthi gan insint d'éinne i dtaobh an chaidrimh atá eatarthu. Léirítear an taobh suarach[11] dá phearsantacht sa mhéid sin. Deir sé léi gur mhaith leis gach rud a bheith ina rún eatarthu. Bréagadóir é. Slíomadóir[12] slim, sleamhain. Déanann sé dúshaothrú[13] mínáireach[14] ar shoineantacht[15] Mháire: "Dá mbeadh a fhios ag an saol é, déarfaí gur rud gránna, gur rud peacúil é seo eadrainn." Cuireann sé faoi gheasa[16] í. Déanann sé pósadh bréige léi. Cuireann sé fáinne ar a méar. Cuireann sé ina luí uirthi[17] gurb ise a bhean chéile.

Nuair a éiríonn Máire torrach[18], tréigeann Pádraig í. Tuigeann sé a bhfuil i ndán di[19] agus an dochar atá déanta aige di, ach, fós féin, níl sé sásta glacadh le freagracht[20] as a bhfuil déanta aige.

Ach fanann rian a údaráis[21] ar Mháire go dtí lá a báis. Éiríonn leis a bhealach a dhéanamh isteach ina hintinn agus greim docht, daingean a fháil uirthi. Níl sí sásta a admháil le héinne cé hé athair an linbh. Tá smacht iomlán aige ar a saol. Is léir freisin go bhfuil Máire fós i ngrá leis.

Buailimid arís le Pádraig níos faide anonn sa dráma. Ag an bpointe seo tá a chéad bhean chéile marbh agus tá sé pósta arís le bean eile. Buaileann Pádraig le Máire i nGníomh 2, Radharc 6. Cé go bhfuil Pádraig pósta arís tagann sé féin agus cara leis, i dteannta Mhailí, go 'teach an mhí-chlú'. Déanann Máire iarracht <u>a chur ar a shúile</u>[22] go bhfuil iníon aige, ach is amhlaidh a éiríonn sé feargach léi agus tugann sé <u>striapach</u>[23] uirthi.

Dá bhrí sin, cuireann Máire lámh ina bás féin agus maraíonn sí a leanbh.

Is <u>suarachán</u>[24] críochnaithe é Pádraig. Fimíneach agus slíomadóir falsa ina theannta.

Gluais

1.	the cause of every evil	13.	exploitation
2.	sly	14.	shameless
3.	slippery	15.	innocence
4.	with no scruples at all	16.	under a spell
5.	liar	17.	he convinces her
6.	desires	18.	pregnant
7.	complete hypocrite	19.	in store for her
8.	he deceives	20.	authority
9.	naive/gullible	21.	the mark of his authority
10.	disrespect	22.	to make known to him
11.	small-minded	23.	prostitute
12.	hypocritically friendly person	24.	contemptible person

Ceist 7: 'Ceisteanna crua' faoi Shaol na hÉireann

"Is dráma é *An Triail* ina gcuirtear ceisteanna crua faoi shaol na hÉireann." An ráiteas sin a phlé i gcás do rogha **dhá** cheann de na 'ceisteanna crua' sin.

An Freagra

Cuirtear a lán ceisteanna crua os comhair an lucht féachana sa dráma *An Triail*. An dá cheist is mó a chuirtear os ár gcomhair, dar liom, ná: (i) mar a chaití (agus mar a chaitear fós?) le cailíní singil a raibh páistí acu agus (ii) an áit a bhí ag an gcríostaíocht i saol na ndaoine i lár an chéid seo caite (agus suas chomh fada leis an lá atá inniu ann?).

<u>Chaití go dona le</u>[1] cailíní singil a raibh páistí acu ag tús na seascaidí. Níor theastaigh ó éinne aon bhaint a bheith acu leo. Chaití leo amhail is dá mba <u>choirpigh</u>[2] iad. D'fhéach daoine anuas orthu amhail is dá mba <u>striapacha</u>[3] iad. B'<u>ionann</u>[4] an cailín nach raibh pósta, ach a bhí ag iompar linbh, agus Máire Mhaigdiléana i súile an phobail a bhí <u>dallta ag</u>[5] an <u>mbréagchráifeacht</u>[6] ag an <u>bhfimíneacht</u>[7] agus ag an gcur i gcéill. Ní raibh <u>i ndán dóibh</u>[8] ach an leanbh a thabhairt suas agus an chuid eile dá saol a chaitheamh i dteach tearmainn éigin nó a bheith ina striapacha, faoi mar a rinne Mailí.

Maidir le muintir Mháire – a máthair agus a deartháireacha – chaith siad go dona léi. Rinne a máthair iarracht fáil réidh leis an leanbh. Chuir sí ina leith go raibh sí <u>mígheanmnaí</u>[9] agus go raibh sí ina striapach. An rud ba mhó a bhí ag cur as di ná gur 'tharraing sí náire shaolta orainn i láthair na gcomharsan'. Is é sin an dearcadh atá ag a deartháir, Seán, freisin. Teastaíonn uaidh a bheith ina shagart, ach ní fhéadfadh sé a bheith ina shagart agus deirfiúr cosúil le Máire aige. Tugtar an bóthar di. Téann sí go Baile Átha Cliath agus oibríonn sí mar chailín aimsire ag Bean Uí Chinsealaigh. Nuair a fhaigheann sise amach go bhfuil Máire <u>ag iompar</u>[10], <u>iompaíonn sí</u>[11] a droim uirthi freisin. Fiú an t-oibrí sóisialta, Áine Ní Bhreasail, is beag a dhéanann sí siúd ar a son ach oiread. Ní raibh meas madra ag muintir na hÉireann ar an máthair aonair ag an am sin.

Maidir leis an gcríostaíocht i saol na hÉireann ag an am sin, is léir gur beag di a bhí ann. Rinneadh máithreacha aonair <u>a imeallú</u>[12] agus a sheachaint <u>ar nós na plá</u>[13]. Is léir go raibh an eaglais Chaitliceach glan i gcoinne na gcailíní seo agus go raibh an pobal Caitliceach an-dílis don eaglais chéanna. Mar a deir máthair Mháire:

"Ní fhéadfaidh Seán a bheith ina shagart. Ní ligfear isteach i Maigh Nuad é. Inseoidh an sagart paróiste an scéal don easpag agus ní cheadófar do Sheán dul le sagartóireacht…Agus mallacht Dé anuas ortsa, a…striapach."

D'aontaigh formhór na bpearsan sa dráma léi. Bhí an t-oibrí sóisialta agus Bean Uí Chinsealaigh den tuairim nár cheart a leithéid de chailín a ligean isteach in aon teach ina raibh lánúin[14] phósta agus páistí. B'ionann í agus a páiste tabhartha[15] agus lobhair[16] ina súile siúd a chleacht an chríostaíocht in Éirinn ag an am sin. Anuas air sin ba bheag meas a bhí ag fir – ar nós Phádraig, an máistir scoile – ar chailíní mar seo, ach iad ag iarraidh caidreamh collaí[17] a bheith acu leo. Bheadh na fir chéanna ina gcrainn taca de chuid na sochaí[18] ag an am sin.

An t-aon duine amháin a léiríonn buanna na críostaíochta i leith Mháire sa dráma ná Mailí, an striapach, máthair aonair eile ar caitheadh go dona léi agus ar baineadh a leanbh di gan trua gan trócaire. Tá sé íorónta[19] gurb í Mailí a líonann bróga Mháire Mhaigdiléana sa dráma agus gurb ise an t-aon duine a chleachtann carthanacht[20] ionracas[21] agus tréithe na críostaíochta i sochaí a bhí lofa[22] ó na préamhacha[23] aníos ag fimínigh agus ag daoine a bhí dall ar fad ar a raibh á fhulaingt[24] ag leithéidí Mháire.

Ardaítear ceisteanna móra, ceisteanna crua, ceisteanna tábhachtacha sa dráma seo agus, cé go bhfuil dhá scór bliain imithe um an dtaca seo ó ardaíodh an brat ar dtús, ní dóigh liom go bhfuil siad freagraithe go róshásúil fós.

Gluais

1.	(were) treated badly	13.	like the plague
2.	criminals	14.	couple
3.	prostitutes	15.	illegitimate child
4.	same	16.	lepers
5.	blinded by	17.	sexual intercourse
6.	sanctimoniousness	18.	pillars of society
7.	hypocrisy	19.	ironic
8.	in store for them	20.	charity
9.	unchaste	21.	uprightness
10.	pregnant	22.	rotten
11.	she turns	23.	roots
12.	marginalise	24.	being suffered

Ceist 8: Teicníochtaí Drámaíochta

Déan cur síos **gairid** ar na teicníochtaí drámaíochta a úsáidtear sa dráma 'An Triail'.

An Freagra

Nuair a céadléiríodh[1] an dráma 'An Triail' sa bhliain 1964, ba dhráma réabhlóideach[2], nua-aimseartha é. Ba dhráma é a bhris an-chuid múnlaí[3] ag an am. Ó thaobh téama agus plota de, bhí sé go mór chun tosaigh ar an-chuid drámaí a bhí á scríobh ag an am, drámaí Béarla san áireamh. Ní raibh aon leisce[4] ar Mháiréad Ní Ghráda tabhairt faoi ábhar conspóideach[5], tragóideach[6] ar bhealach cróga, neamheaglach. Thuig sí gur ábhar an-chonspóideach a bhí ann agus go raibh tuairimí láidre ag an bpobal ina thaobh.

Dráma réabhlóideach, nua-aimseartha áta ann ó thaobh teicníochtaí drámaíochta de freisin. Baineann Máiréad leas as teicníc an iardhearcaidh[7] sa dráma. Tá an-chuid siar is aniar sa dráma agus coinníonn sé seo aird an léitheora ó thús deireadh. Is teicníc an-éifeachtach é freisin. Tugann sé diminsean[8] nua-aimseartha, diminsean na teilifíse don dráma agus is é sin an fáth ar féidir le daoine óga ionannú[9] leis.

Teicníc an-éifeachtach eile ná an úsáid a bhaintear as teach na cúirte sa dráma. Tugann sé práinn[10] agus drámatúlacht dochreidte dó. Greamaítear an lucht féachana de na heachtraí atá ag tarlú agus is féidir leo páirt a ghlacadh iontu agus tuairimí a bheith acu ina dtaobh. Is féidir leo éisteacht leis an bhfianaise[11] agus agus a n-aigne a dhéanamh suas ina taobh. Is féidir leo a bheith ar thaobh amháin nó ar thaobh eile de réir mar atá an fhianaise ag dul i bhfeidhm orthu. Is féidir leo a bheith ina mbaill den ghiúiré[12] agus Máire a fháil ciontach[13] nó neamhchiontach ag deireadh an dráma. Tá an croscheistiúchán[14] an-éifeachtach mar theicníc agus nochtaítear[15] fírinne na tragóide go huile is go hiomlán mar thoradh air. Dírítear aird[16] an lucht féachana ar an bhfimíneacht[17] agus ar an mbréagchráifeacht[18] atá chun tosaigh sa tsochaí[19] as a dtáinig Máire. Nochtaítear an dearcadh crua, mícharthanach[20], fuarchúiseach[21] a bhí ag daoine ar chailíní óga singil a bhí ag iompar clainne ag an am sin in Éirinn agus cuirtear uafás agus ceann faoi[22] agus fearg (nó ba chóir go gcuirfí!) ar an lucht féachana.

Mar sin, creidim go n-úsáideann an drámadóir seo teicníochtaí réabhlóideacha, nua-aimseartha, éifeachtacha sa dráma 'An Triail' agus go n-éiríonn léi dráma den scoth a chur os ár gcomhair.

71

Gluais

1.	was first produced	12.	jury
2.	revolutionary	13.	guilty
3.	moulds	14.	cross-questioning
4.	hesitation	15.	is revealed
5.	controversial	16.	attention is drawn
6.	tragic	17.	hypocrisy
7.	flashback	18.	sanctimoniousness
8.	dimension	19.	society
9.	to identify	20.	uncharitable
10.	urgency	21.	indifferent
11.	evidence	22.	embarrassment

Ceist 9: Bean Uí Chinsealaigh

Scríobh tuairisc ar an bpáirt a ghlacann Bean Uí Chinsealaigh sa dráma.

An Freagra
Nuair a théann Máire Ní Chathasaigh go Baile Átha Cliath den chéad uair, feiceann sí fógra sa nuachtán. Tá 'cúntóir tís'[1] á lorg ag bean uasal darb ainm Bean Uí Chinsealaigh sa Ráth Garbh, i mBaile Átha Cliath.

Tá cúigear clainne ag Bean Uí Chinsealaigh, ach ní luann sí é sin san fhógra, rud a chuireann in iúl gur duine glic mímhacánta[2] í. Tá a fhios aici nach bhfaighidh sí freagra ar bith ar an bhfógra má luann sí na páistí.

Fostaíonn sí Máire, cé nach bhfuil teastas ná litir mholta ar bith aici. Ach chomh luath is a fhaigheann sí amach go bhfuil Máire ag iompar[3] cuireann sí an ruaig uirthi. Ach, faoi mar a deir an t-aturnae léi os comhair na cúirte, d'fhéadfadh Máire a bheith ina coirpeach[4] – agus bheadh Bean Uí Chinsealaigh sásta í a fhostú. Ach tá sé i bhfad níos measa, de réir dealraimh, cailín singil a bheith ag iompar linbh ná a bheith ina coirpeach! Tuigimid, ón méid sin, go bhfuil fimíneacht[5] láidir ag baint le Bean Uí Chinsealaigh.

De réir an fhógra a chuir Bean Uí Chinsealaigh sa nuachtán ba chóir do Mháire a bheith ag fáil ceithre phunt sa tseachtain, ach ní thugann sí ach dhá phunt is deich scillinge in aghaidh na seachtaine di. Is léir arís, ón méid sin, gur duine mímhacánta í. Ní amháin sin, ach is sprionlóir[6] ainnis[7] í, atá sásta a leas féin a bhaint as[8] cailín bocht atá i gcruachás.

72

Nuair a thugtar Bean Uí Chinsealaigh os comhair na cúirte, níl sí sásta a admháil gur 'cailín aimsire' í Máire. B'fhearr léi an téarma 'cúntóir tís' a úsáid, rud a léiríonn go bhfuil bréag-ghalántacht[9] ag baint léi. Feicimid sampla den bhréag-ghalántacht chéanna nuair a fhreagraíonn Máire an doras d'Áine Ní Bhreasail. "Tá bean uasal ag an doras…a…a bhean uasail," a deir sí. Is léir nach bhfuil sé de chead ag Máire ainm pearsanta Bhean Uí Chinsealaigh a úsáid.

Admhaíonn Bean Uí Chinsealaigh os comhair na cúirte go raibh Máire sásúil, gan locht[10], macánta, dícheallach[11], ciúin agus dea-bhéasach[12]. Bhí na páistí ceanúil uirthi[13] freisin, a deir sí; agus bhí meas ag a fear céile uirthi. Ach fós féin bhí sí sásta an bhean óg a chur chun bóthair.

Níl Bean Uí Chinsealaigh róchompordach agus í ag caint faoi mháithreacha singil. "Ar thug tú rud ar bith faoi deara?" ar sise leis an Oibrí Sóisialta. "Bhuel, tá rud le tabhairt faoi deara."

Arís, i dteach na cúirte luann an t-aturnae gur thug Bean Uí Cheansalaigh faoi deara go raibh Máire 'trom'. "Ó, deir tú chomh tútach[14] sin é," ar sise.

Díreach cosúil le máthair Mháire tá Bean Uí Chinsealaigh buartha faoi thuairim na gcomharsan. Níor mhaith léi cailín singil, agus í ag iompar, a bheith sa teach. Ná níor mhaith léi 'leanbh tabhartha'[15] a bheith sa teach ach oiread. Tá sí imníoch i dtaobh na cainte a bheidh ar siúl ag na cailíní eile ar scoil nó fiú ag na mná rialta.

Lena ceart a thabhairt don bhean uasal ní theastaíonn uaithi an cailín óg a chaitheamh amach ar thaobh na sráide. Agus is é sin an t-aon rud dearfach[16] is féidir linn a rá fúithi.

Ag an am céanna is gníomh mícharthanach[17] é Máire bhocht a chur go dtí an Teach Tearmainn, go háirithe nuair atá a fhios ag bean an tí go gcuirfear brú ar an mbean óg a leanbh a chur ar altram[18]. Rud eile de, is léir gur duine meata[19] í an bhean uasal, mar ní phléann sí an fhadhb le Máire riamh, de réir dealraimh, agus fanann sí as an mbealach a fhad is atá an tOibrí Sóisialta ag caint le Máire.

Nuair a thagann deireadh leis an tréimhse a chaitheann Máire sa Teach Tearmainn insíonn an tOibrí Sóisialta di go mbeidh Bean Uí Chinsealaigh sásta ligean di teacht ar ais ag obair di - gan an leanbh! Fimíneacht agus mímhacántacht arís.

Duine glic, sprionlaithe, fimíneach, mícharthanach, mímhacánta, meata, bréag-ghalánta is ea Bean Uí Chinsealaigh, mar sin.

Gluais

1.   domestic assistant
2.   dishonest
3.   pregnant
4.   criminal
5.   hypocrisy
6.   miser
7.   miserable
8.   to make her own use of
9.   pompousness
10.   fault
11.   hard-working
12.   good-mannered
13.   fond of her
14.   crudely
15.   illegitimate child
16.   positive
17.   uncharitable
18.   to put into fosterage
19.   cowardly

Ceist 10: Pádraig Mac Cárthaigh, Bean Uí Chathasaigh agus Áine Ní Bhreasail

'Seachas Máire féin is beag dea-thréith a fheicimid sna carachtair eile sa dráma seo, ach an taobh diúltach[1] díobh i gcónaí.'
Déan an ráiteas sin a phlé i gcás **triúr** de na carachtair sa dráma seo.

An Freagra
Is fíor, mar a deir an ráiteas, gur 'beag dea-thréith a fheicimid sna carachtair eile sa dráma seo (seachas Máire), ach an taobh diúltach díobh i gcónaí. Is carachtair shuaracha[2] iad roinnt mhaith de na pearsana sa dráma, ina measc Pádraig Mac Cárthaigh, Bean Uí Chathasaigh agus Áine Ní Bhreasail.

(i)
Pádraig Mac Cárthaigh
Duine suarach amach is amach is ea Pádrag Mac Cárthaigh. Tá dúil mhór aige sna mná, go háirithe i mná óga soineanta[3] ar nós Mháire Ní Chathasaigh.

Éiríonn leis í a mhealladh[4] agus an dubh a chur ina gheal uirthi[5]. Aithníonn sé gur duine óg, soineanta í agus éiríonn leis greim daingean a fháil ar a haigne neamhthruaillithe[6]. Insíonn sé di go bhfuil a bhean féin go dona tinn sa bhaile. Deir sé, i dtaca leis an ngaol collaí[7] atá eatarthu, nach 'rud peacúil é seo eadrainn' ach 'rud álainn, rud beannaithe.'

Iarrann sé uirthi gan a rún a ligean le héinne ach é a cheilt[8], fiú dá mbeadh a beatha féin ag brath air. Déanann sí rud air. A thúisce is[9] a éiríonn sí torrach[10], tréigeann sé í. Fanann sé amach uaithi. Duine gan puinn scrupaill[11] é. Duine gan choinsias[12].

Feicimid an méid sin arís ag druidim le deireadh an dráma. Tugann sé féin agus a chara, Colm, cuairt ar 'theach an mhíchlú' i mBaile Átha Cliath, áit a bhfuil Máire ag fanacht ar lóistín le Mailí. Tá Pádraig pósta athuair faoin am seo. Nuair a labhraíonn Máire leis faoina n-iníon, Pádraigín, agus faoin ngrá atá fós aici dó, séanann sé[13] an bheirt acu agus tugann sé striapach[14] ar Mháire. Duine suarach é agus níl oiread is dea-thréith amháin ag baint leis.

75

(ii)
Bean Uí Chathasaigh

Is carachtar de chuid na ndaicheadaí is na gcaogaidí í Bean Uí Chathasaigh.
Nuair a fuair a fear céile bás, thit cúram[15] na clainne agus na feirme uirthi. Ach,
faoi mar a deir Aturnae 2 léi: 'Tuairim na gcomharsan is mó atá ag déanamh
buartha duit'. Tá sí sceimhlithe ina beatha[16] go mbeidh sí náirithe os comhair na
gcomharsan.

Is bean chráifeach[17] í, ach ní bean chríostúil[18] í. Cleachtann sí an creideamh, ach
ní chleachtann sí an chríostaíocht. Bíonn sí an-dian ar a clann. Tá a saol ar fad
leagtha amach aici dóibh. Beidh Seán ina shagart. Beidh Liam i mbun na feirme.
Beidh Máire ina bean rialta. Nuair a éiríonn Máire torrach[19], tagann fearg mhór
uirthi. Séanann sí Máire go huile is go hiomlán. Tá sí trína chéile mar 'nach
gceadófar do Sheán dul le sagartóireacht' agus gur náirigh Máire í os comhair na
gcomharsan.

Tugann sí bata agus bóthar di agus deir sí léi: 'Mallacht[20] ar an té a tharraing an
náire seo anuas orainn agus mallacht Dé anuas ortsa, a…striapach.' Arís, cé go
mbeadh trua éigin againn do Bhean Uí Chathasaigh mar go raibh saol crua aici,
is deacair a bheith báúil[21] léi. Tá croí crua inti agus is fimíneach[22] í. Is beag dea-
thréith a ghabhann léi.

(iii)
Áine Ní Bhreasail

Is í Áine Ní Bhreasail an t-oibrí soisialta. Tá sí in ainm is a bheith ag cuidiú leis
na máithreacha aonair atá sa teach tearmainn ach, i ndáiríre, is beag trua atá aici
dóibh agus dá gcruachás[23].

Fuair sí áit do Mháire sa Teach Tearmainn agus bhí sí den tuairim go raibh Máire
'stuacach[24], ceanndána'[25]. D'éirigh léi altramaithe[26] a fháil do leanbh Mháire
agus rinne sí tréaniarracht a chur ina luí ar[27] Mháire go mba chóir di an leanbh a
chur ar altram, cé go raibh sé ríshoiléir nárbh é sin a theastaigh uaithi a
dhéanamh.

Nuair nach raibh Máire sásta é sin a dhéanamh, d'éirigh sí feargach léi: 'Ní
hamhlaidh a bheifeá ag súil go ligfeadh bean chreidiúnach[28] (Bean Uí
Chinsealaigh) leanbh tabhartha[29] isteach ina teach i dteannta a clann iníon féin.'

Níor léirigh sí trua ar bith do Mháire, ach thug sí íde na muc is na madraí[30] di:
'Is stuacach, ceanndána an cailín tú. Níl uait ach do thoil féin a bheith agat, gan
cuimhneamh ar leas do linbh.' Cé nach bhfuil sí chomh suarach le Pádraig ná le
máthair Mháire, fós féin is beag dea-thréith atá ag baint léi.

Gluais

1.	negative	16.	terrified
2.	contemptible	17.	religious
3.	innocent	18.	christian
4.	entice/deceive	19.	pregnant
5.	deceive	20.	curse
6.	unsullied	21.	sympathy
7.	sexual relationship	22.	hypocrite
8.	to hide it	23.	plight
9.	as soon as	24.	sulky
10.	pregnant	25.	stubborn
11.	with no scruples at all	26.	foster parents
12.	conscience	27.	to convince
13.	he denies	28.	respectable
14.	prostitute	29.	illegitimate child
15.	care/responsibility	30.	very bad treatment

Ceist 11: Sochaí na hÉireann

Cléireach: 'A phríosúnaigh os comhair na cúirte, cad a deir tú: ciontach nó neamhchiontach?'

'In ainneoin ráiteas sin chléireach na cúirte ag tús an dráma, ní hí Máire Ní Chathasaigh atá ar triail anseo ach sochaí[1] uile na hÉireann.'
Déan an ráiteas sin a phlé.

An Freagra

Is fíor an ráiteas sin. Táimid go léir ar triail sa dráma seo. Sinne na finnéithe[2]. Sinne na carachtair sa dráma. Sinne an giúiré[3]. Sinne an breitheamh[4].

Tarraingítear isteach i gceartlár an dráma sinn sa chaoi go mbímid ag glacadh páirte ann. Slogtar[5] isteach i gcroílár na tragóide[6] sinn. Beidh cuid againn a déarfaidh go bhfuil Máire go huile is go hiomlán ciontach[7] as an trioblóid go léir a tharraing sí uirthi féin, as bás a linbh agus as lámh a chur ina bás féin. Déarfaidh daoine eile gur ar Phádraig atá an locht agus go bhfuil Máire neamhchiontach ar fad. Déarfaidh daoine eile fós nach bhfuil éinne sa dráma ciontach ná neamhchiontach ach go bhfuil an milleán[8] ar an tsochaí i gcoitinne.

Is cinnte gur mhair Máire Ní Chathasaigh i sochaí chrua, mhíthrócaireach[9], nach raibh mórán críostaíochta[10] ná carthanachta[11] ag baint léi. Fear gan puinn scrupaill[12] is ea Pádraig, leannán[13] Mháire. Fear pósta é, ach ní féidir leis srian[14] a choinneáil ar a mhianta[15]. Is duine é a théann i bhfeidhm ar chailíní óga soineanta[16] mar Mháire.

Is beag grá a léiríonn Bean Uí Chathasaigh dá hiníon agus í in umar na haimiléise[17]. Tugann sí bata agus bóthar di agus déanann sí iarracht 'deireadh a chur leis an ngin a bhí fós gan breith' i mbroinn[18] Mháire.

Ní thagann a muintir ná a cairde i gcabhair ar Mháire. Ní thagann na sagairt ná na seirbhísí sláinte i gcabhair uirthi. Dúntar an doras ina haghaidh. Tréigtear í[19]. Déantar í a sheachaint[20] is a imeallú[21]. Tá gach éinne buartha faoin bpeaca a rinne sí agus faoi thuairimí na gcomharsan. Níl éinne buartha faoi Mháire bhocht féin ná faoin gcruachás ina bhfuil sí. Caitear go dona léi[22] agus tá an tsochaí agus gach éinne a mhaireann thart timpeall uirthi ciontach as ar tharla di.

Mar a deir Seáinín an Mhótair: 'Bhris sí na rialacha. An té a bhriseann rialacha an chluiche cailltear ann é.' Briseann Máire na rialacha agus íocann sí go daor as. Ag an am céanna tugtar léargas cuimsitheach[23] dúinn ar shaol agus ar shochaí na hÉireann i lár an chéid seo caite sa dráma seo.

Cuirtear an cheist: 'Cé a deir gur tír chríostaí í seo?' Fágtar fúinne, an lucht féachana, an cheist sin a fhreagairt. Is fíor go bhfuilimid go léir ar ár dtriail sa dráma seo agus nochtaítear an fhírinne[24] inár dtaobh ag an deireadh.

Ní pictiúr álainn rómánsúil de thír na hÉireann a chuirtear os ár gcomhair, ach pictiúr gránna suarach, lán de chúngaigeantacht[25], de bhréagchráifeacht[26] agus d'fhiminteacht[27].

Gluais

1.	society	15.	desires
2.	witnesses	16.	innocent
3.	jury	17.	in the depths of depression
4.	judge	18.	womb
5.	swallowed	19.	she is abandoned/deserted
6.	tragedy	20.	to avoid
7.	guilty	21.	to marginalise
8.	blame	22.	she is treated badly
9.	unmerciful	23.	comprehensive insight
10.	christianity	24.	the truth is revealed
11.	charity	25.	narrow-mindedness
12.	with no scruples at all	26.	sanctimoniousness
13.	lover	27.	hypocrisy
14.	control		

Ceist 12: Easpa Críostaíochta

'Cé go bhfuil an reiligiún go mór chun tosaigh sa dráma seo is léir nach bhfuil <u>an chríostaíocht</u>[1] chomh láidir sin ann.'
É sin a phlé.

An Freagra

Is é an ráiteas thuasluaite croí an dráma seo. Tá <u>barraíocht</u>[2] reiligiúin <u>le sonrú</u>[3] in 'An Triail', ach tá an chríostaíocht, an <u>charthanacht</u>[4] agus an grá <u>an-ghann</u>[5] ann. Is í <u>sochaí</u>[6] na hÉireann i lár an chéid seo caite atá faoin miocrascóp ann.

Tréimhse aisteach i stair na hÉireann ba ea an tréimhse <u>iar-chogaidh</u>[7] ó 1945 go 1960. Bhí an <u>tseanréim</u>[8] fós i bhfeidhm ach bhí <u>ré nua</u>[9] i ndán don tír. Bhí athruithe móra ag tarlú i sochaí na tíre. Bhí daoine áirithe <u>ag géilleadh do</u>[10] na hathruithe sin. Ag an am céanna bhí daoine eile – <u>tromlach</u>[11] mór na ndaoine – ag seasamh go daingean in aghaidh na n-athruithe. Ba <u>leasc</u>[12] leis an gcóras polaitíochta agus reiligiúin géilleadh do na hathruithe sin a bhí ag tarlú sa tsochaí.

Idir an dá linn bhí <u>caighdeáin dhúbhailte</u>[13], an <u>bhéalchráifeacht</u>[14] agus an <u>fhimíneacht</u>[15] i gceannas ar an tír. Sa dráma 'An Triail' feicimid duine de 'cholúin'[16] na sochaí' sin (an máistir scoile, Pádraig Mac Cárthaigh), duine a bheadh ceaptha sa phost ag an sagart paróiste agus a bheadh ag obair faoi stiúir na heaglaise Caitlicí, ag briseadh na rialacha agus ag dul i bhfeidhm ar ar gcailín óg, <u>saonta</u>[17] sa phobal beag ina raibh sé ag múineadh. Duine <u>gan puinn scrupaill</u>[18] ba ea é, ach duine glic, gránna freisin. Fear pósta ba ea é ach bhí <u>caidreamh collaí</u>[19] aige le cailín óg agus <u>chuir sé iachall uirthi</u>[20] gan a ainm a lua le héinne.

Mar thoradh ar <u>dhrochiompar</u>[21] Phádraig, d'éirigh Máire <u>torrach</u>[22] agus ba ansin a chonaiceamar an easpa críostaíochta agus carthanachta i gceart. <u>Iompaíonn gach éinne</u>[23] sa tsochaí ar Mháire agus tá uirthi imeacht ó bhaile. Cé go bhfuil an tsochaí chéanna <u>ar maos le</u>[24] reiligiún – deirtear <u>an Choróin Mhuire</u>[25] i dteach Mháire chuile oíche agus is bean <u>chráifeach</u>[26] í a máthair atá cinnte go mbeidh Máire ina bean rialta agus Seán ina shagart – fós féin ní chleachtar ach <u>deasgnátha loma</u>[27] an reiligiúin agus ní léirítear críostaíocht ná <u>trócaire</u>[28] ar bith do Mháire.

Maidir le Máire, bhris sí na rialacha <u>moráltachta</u>[29] a bhí ann ag an am agus ní raibh sé sin ceadaithe. <u>Pheacaigh sí</u>[30] go trom in aghaidh Dé. Mar a deir a deartháir, Seán, an t-ábhar sagairt: 'Tharraing sí náire <u>shaolta</u>[31] orainn i láthair na gcomharsan. <u>Loit sí</u>[32] an saol orainn. <u>Chiontaigh sí</u>[33]…chiontaigh sí in aghaidh Dé. Ba chóir a bheith dian uirthi. Bhí an ceart ag Mam."

Ba chailín <u>mígheanmnaí</u>[34] í agus ní raibh inti ach 'striapach'[35] i súile an phobail agus i súile na heaglaise. Ní raibh <u>i ndán di</u>[36] feasta ach <u>díbirt</u>[37], <u>tragóid</u>[38] agus, ar deireadh thiar, dúnmharú agus féinmharú i dteannta a chéile. <u>Díbeartach</u>[39] ba ea í i súile a muintire agus i súile an phobail. 'Cé a deir gur tír chríostaí í seo?' a fhiafraíonn Seáinín an Mhótair. Sin ceist nach bhfreagraítear sa dráma seo. Ach cé nach bhfreagraítear í, fós féin tuigtear dúinn gur ceist <u>reitriciúil</u>[40] atá inti agus go bhfreagraíonn eachtraí <u>truamhéalacha</u>[41] an dráma go maith í.

Ar bhealach, is <u>íobartaigh</u>[42] iad na pearsana go léir sa dráma mar go bhfuil siad <u>gafa ag</u>[43] rialacha <u>cúnga</u>[44] na sochaí <u>mídhaonna</u>[45] ina maireann siad. <u>Daortar Máire</u>[46] chun báis os a gcomhair amach agus níl siad in ann teacht i gcabhair uirthi.

Ar ndóigh, tharla an rud céanna do na mílte cailín eile sa tréimhse chéanna agus is cuid <u>cheilte</u>[47], <u>náireach</u>[48] de chuid stair na tíre seo í faoin am seo.

Éiríonn thar barr le Mairéad Ní Ghráda an ghné seo de shaol na tíre a léiriú dúinn in 'An Triail'.

Gluais

1.	christianity	19.	sexual relationship
2.	too much	20.	he compelled her
3.	noticeable	21.	bad conduct
4.	charitable	22.	pregnant
5.	very scarce	23.	everybody turns
6.	society	24.	steeped in
7.	post-war	25.	Rosary
8.	old regime	26.	religious
9.	new era	27.	bare rituals
10.	submitting to	28.	mercy
11.	majority	29.	moral
12.	reluctant	30.	she sinned
13.	double standards	31.	awful
14.	sanctimoniousness	32.	she spoiled
15.	hypocrisy	33.	she sinned
16.	pillars	34.	unchaste
17.	naive/gullible	35.	prostitute
18.	with no scruples at all	36.	in store for her

37. rejection
38. tragedy
39. outcast
40. rhetorical
41. sad
42. victims
43. engulfed in
44. narrow
45. inhumane
46. Máire is condemned
47. hidden
48. shameful

Ceist 13: Máire ag briseadh Rialacha

"Bhris sí na rialacha, an té a bhriseann rialacha an chluiche, cailltear ann é." An ráiteas sin a phlé maidir leis an tragóid a bhain do Mháire Ní Chathasaigh.

An Freagra
Is ag deireadh an dráma a chloisimid na focail thuasluaite ó Sheáinín an Mhótair. Ag an bpointe sin tá Máire agus a hiníon bailithe leo ar shlí na fírinne[1]. Tá an cluiche caillte acu. Agus cén chluiche atá i gceist? Is é an cluiche atá i gceist ná an saol.

An fhadhb a bhí ag Máire ná nár imir sí an cluiche i gceart. Níor chloígh sí leis na rialacha agus cuireadh den pháirc í. Chaill sí an cluiche agus chaill sí a beatha féin agus beatha a hiníne ag an am céanna.

Go luath sa dráma, labhraíonn a leannán[2], Pádraig, faoin gcluiche áirithe seo: 'Is olc mar a d'imir an saol an cluiche orm' a deir sé. Ag an bpointe sin tá sé ag iarraidh Máire a mhealladh[3] agus tuigeann sé go bhfuil ag iarraidh leis dul i bhfeidhm uirthi lena chuid bréag. Tá Máire faoi gheasa[4] aige agus éiríonn leis an dubh a chur ina gheal uirthi[5].

Agus cad iad na rialacha a bhriseann Máire? An chéad riail a bhriseann sí ná go gcuireann sí muinín[6] i bhfear pósta. Creideann sí na bréaga a insíonn sé di agus ligeann sí dó a mhian[7] a fháil. Titeann sí i ngrá leis agus tá sí ag súil go dtitfidh seisean i ngrá léi féin. Pósann sé í i mbréagshearmanas[8]. Ach an rud is measa ar fad ná go gcuireann sé iachall[9] uirthi an rud ar fad a cheilt[10] ón bpobal agus gan a ainm a lua le héinne.

An dara riail a bhriseann sí ná go gcuireann sí an milleán[11] uirthi féin as a dtarla di. Ní chuireann sí milleán ar bith ar Phádraig ná ní thagann maolú[12] an ngrá atá aici dó. Ní raibh sí sásta scaradh leis[13] agus iarraidh air a bheith freagrach as[14] a raibh déanta aige.

An tríú riail a bhriseann sí ná nach bhfuil sí sásta a leanbh a thabhairt do na haltramaithe[15] atá faighte ag an oibrí sóisialta di.

An ceathrú riail a bhriseann sí ná nach bhfuil sí in ann fearg a ghiniúint[16] inti féin i leith Phádraig nuair a fhaigheann sí amach nach bhfuil ann ach suarachán[17] gránna, leithleach[18] agus gan uaidh ach a mhianta collaí[19] a shásamh. Tá Máire róghoilliúnach[20] agus rógheilliúil[21] agus is é sin ceann de na fáthanna a gcailleann sí an cluiche.

Agus cé a bhuann an cluiche? Is cinnte go mbuann Pádraig é, mar is duine crua, neamhscrupallach[22] é. Is fimíneach[23] é. Éiríonn leis dea-íomhá chreidiúnach[24], fhiúntach[25] a chothú[26] ina shaol poiblí cé gur buachaill báire[27] mínáireach[28], gránna é ina shaol príobháideach.

Feicimid an choimhlint[29] idir an saol poiblí agus an saol príobháideach sa dráma seo. Bíonn an bua ag fórsaí an oilc ar fhórsaí na maitheasa. Tarlaíonn an tragóid[30] uafásach atá léirithe sa dráma seo de bharr righneas[31] agus dolúbthacht[32] an chineál saoil a bhí coitianta in Éirinn ag an am. Ar deireadh thiar thall is iad easpa críostaíochta, easpa carthanachta agus easpa grá is cúis leis an tragóid.

D'fhéadfá a rá, is dócha, nach bhfuil aon bhuaiteoirí sa chluiche atá faoi chaibidil sa dráma seo. Is iad dínit[33] an duine agus naofacht na beatha na cailliúnaithe[34]. Ar bhealach, is íobartach[35] gach éinne (cé is móite de Phádraig Mac Cárthaigh), mar is codanna de chóras lochtach[36], lofa[37], mídhaonna[38], míchríostaí[39] iad. Dá mbeadh córas ceart, daonna, críostúil, carthanach[40] i gceist ní bheadh rialacha mar sin i gceist agus bhainfeadh gach éinne taitneamh as páirt a ghlacadh sa chluiche.

Gluais

1.	dead	21.	too submissive
2.	lover	22.	unscrupulous
3.	to entice	23.	hypocrite
4.	under a spell	24.	good respectable image
5.	to deceive her	25.	worthwhile/valuable
6.	trust	26.	to nurture
7.	desire	27.	rogue
8.	false ceremony	28.	shameless
9.	compulsion	29.	conflict
10.	to hide	30.	tragedy
11.	blame	31.	rigidity
12.	decline	32.	inflexibility
13.	to part with him	33.	dignity
14.	responsible for	34.	losers
15.	foster parents	35.	victim
16.	to generate anger	36.	faulty
17.	contemptible person	37.	rotten
18.	selfish	38.	inhumane
19.	sexual desires	39.	unchristian
20.	too sensitive	40.	charitable

Ceist 14: Máire Ní Chathasaigh

(Príomhthéama an Dráma)
Inis cad é príomhthéama an dráma seo, agus scríobh tuairisc ar an bhforbairt a dhéantar ar an bpríomhthéama sin i rith an dráma.

An Freagra
Tá cuid mhór téamaí láidre le tabhairt faoi deara sa dráma *An Triail*, ach is dóigh liom féin gurb é an ceann is láidre ná an chaoi a ndéantar daoine áirithe <u>a imeallú</u>[1] i <u>sochaí</u>[2] na tíre seo. Is é an sampla is mó a sheasann amach sa dráma seo ná Máire Ní Chathasaigh.

1. Fiú amháin agus í ina déagóir tá difríocht le tabhairt faoi deara idir Máire agus na cailíní eile sa cheantar. Tá sé i gceist ag a máthair í a chur chuig <u>clochar</u>[3] ionas go mbeidh sí ina bean rialta. Tá an mháthair an-dian ar fad uirthi. Ní ligtear di dul amach chuig rincí, ach amháin go dtí an ceann sa teach scoile - toisc go bhfuil an sagart <u>i gceannas air</u>[4]. D'fhéadfaí a rá, ar bhealach, gurb í an mháthair an chéad duine a dhéanann Máire a imeallú; mar sin. Ar an gcaoi sin, is fíor a rá go dtosaíonn Máiréad Ní Ghráda, an dramadóir, ar an téama sin a fhorbairt chomh luath is a osclaíonn an dráma.

2. Cuireann Máire aithne ar Phádraig Mac Cárthaigh, fear pósta, ag an rince sa teach scoile. Titeann sí i ngrá leis láithreach, ach tar éis tamaill an-ghairid ar fad is léir go bhfuil Máire ag iompar leanbh Phádraig. Ach chomh luath is a bhíonn an t-eolas sin ag Pádraig, tréigeann sé an bhean óg. Faoi mar a deir Máire féin lena máthair: "Ní raibh aon duine ag an ionad coinne." Déanann Pádraig Máire a imeallú, mar sin, agus leanann forbairt an téama sin go dtí deireadh an dráma.

3. Chomh luath is a fhaigheann máthair Mháire amach go bhfuil a hiníon ag iompar buaileann <u>taom feirge</u>[5] í. Déanann sí iarracht an leanbh i <u>mbroinn</u>[6] Mháire a chur chun báis. Labhraíonn sí faoin gcaoi a mbeidh sí féin náirithe os comhair na gcomharsan. Cuireann sí brú ar Mháire ainm athair an linbh a thabhairt di. Cuireann sí brú uirthi an fear a phósadh agus imeacht leis go Sasana. Nuair a <u>dhiúltaíonn</u>[7] Máire na rudaí sin a dhéanamh, <u>maslaíonn</u>[8] an mháthair go mór í. "Mallacht Dé ar an bhfear sin agus ortsa, a…<u>striapach</u>[9]," a deir sí.

Níl aon <u>dul as</u>[10] ag Máire ansin ach imeacht ina haonar go Baile Átha Cliath agus saol nua a thabhairt uirthi féin.

I ngeall ar an gcaoi a ndéanann muintir na hÉireann máithreacha singil a

84

imeallú, coinníonn sí a saol príobháideach ina rún[11] ina dhiaidh sin agus úsáideann sí ainmneacha bréige.

Tar éis tamaill ghairid éiríonn le Máire post a fháil mar chailín aimsire (nó mar chuntóir tís![12]) i dteach Bhean Uí Cheansalaigh sa Rath Garbh. Is léir go bhfuil bean an tí an-sásta le hobair Mháire. Ní amháin sin, ach tá na páistí an-cheanúil[13] ar fad uirthi agus tá meas mór ag fear an tí uirthi chomh maith.

Chomh luath is a thugann bean an tí faoi deara go bhfuil Máire ag iompar tagann athrú mór ar an scéal, áfach. Níor mhaith le bean an tí a leithéid de chailín a bheith i gcuideachta[14] a cuid iníonacha. Níor mhaith léi go mbeadh a fhios ag na mná rialta sa scoil go raibh a leithéid de chailín sa teach. Tá an scéal chomh náireach[15] sin, dar léi, nach bhfuil sí in ann an t-eolas a thabhairt fiú dá fear céile. Díreach cosúil le máthair Mháire, tá sí buartha faoi thuairim na gcomharsan.

Dá bhrí sin déanann sí coinne[16] leis an oibrí sóisialta, Áine Ní Bhreasail, agus, idir an bheirt acu, éiríonn leo Máire a chur chun bóthair go dtí an Teach Tearmainn. An t-imeallú arís - téama láidir a ndéantar forbairt láidir air ó thús go deireadh an dráma.

5. Caitheann Máire tréimhse ag obair sa seomra níocháin sa Teach Tearmainn. San áit sin coinnítear máithreacha singil atá ag súil le breith[17] i bhfad ó shúile an phobail - cuid den imeallú céanna. Is é an nós sa Teach Tearmainn ná leanaí a thógáil ó mhná óga agus iad a chur faoi altram[18] ag 'tuismitheoirí creidiúnacha'[19]. Ní amháin sin, ach ní bhíonn sé de chead ag na máithreacha aithne a chur ar na 'tuismitheoirí' sin. Ar an gcaoi sin éiríonn le sochaí na hÉireann scannal na máithreacha singil agus scannal na drochíde[20] a thugtar dóibh a cheilt[21] is a choimeád faoi rún.

Ní ghlacann Máire leis an réiteach[22] sin, ar ndóigh, mar tá grá an-láidir ar fad aici dá hiníon.

Nuair a thiteann an teach anuas ar mhuintir an tí a bhfuil Máire ina cónaí ann feicimid samplaí maithe den imeallú a bhíodh coitianta in Éirinn i dtaca le máithreacha singil agus lena gcuid 'leanaí tabhartha'[23] le linn na seascaidí - agus ar feadh roinnt blianta ina dhiaidh sin chomh maith. Cuireann na samplaí seo a leanas in iúl dúinn gurb í forbairt an téama sin ach go háirithe atá i gceist ag an drámadóir:

◆ Nuair a theitheann[24] bean an tí ón teach, tugann sí léi a cuid páistí féin, ach déanann sí dearmad ar iníon Mháire.
Fágtar Máire bhocht ina suí ar thaobh na sráide, an leanbh lena baclainn[25] aici.

- Ní thugann duine ar bith 'bheith istigh'[26] do Mháire ná do Phádraigín.
- Deir na mná eile atá i láthair go bhfuil Máire 'rómhór dá bróga…agus gan aici ach leanbh tabhartha'.
- Fiú agus í marbh, déantar Máire bhocht a imeallú. Nuair a thagann a muintir féin os comhair na cúirte - agus arís agus iad ina seasamh le taobh na huaighe - tréigeann siad go léir í. Ní ghlacann siad go bhfuil siad freagrach[27] as rud ar bith. "Ná cuirtear an milleán[28] ormsa," a deir siad leis na haturnaetha.
- "Ná féachaigí ormsa," arsa an mháthair. "Thóg mise í go creidiúnach[29] agus go críostúil."
- "Náirigh sí sinn," arsa Seán. "Ní fhéadfainn aghaidh a thabhairt ar mo chomrádaithe sa choláiste…Chiontaigh sí."[30]
- "Bhris Beití an cleamhas," arsa Liam. "Ní raibh sí in ann an phoiblíocht a sheasamh."

Níl aon amhras, mar sin, ná gurb é imeallú Mháire an téama is láidre sa dráma seo agus go ndéantar forbairt láidir ar an téama sin ó thús go deireadh.

Gluais

1.	to marginalise	16.	appointment
2.	society	17.	pregnant
3.	convent	18.	fosterage
4.	in charge of it	19.	respectable
5.	fit of anger	20.	ill-treastment
6.	womb	21.	to hide
7.	refuses	22.	solution
8.	insults	23.	illegitimate babies
9.	prostitute	24.	flees
10.	option	25.	in her arms
11.	secret	26.	temporary shelter
12.	domestic assistant	27.	responsible
13.	very fond	28.	blame
14.	in the company of	29.	respectably
15.	shameful	30.	she sinned

Ceist 15: Liam agus Seán

Léiriú **gairid** uait ar an bpáirt a bhí ag deartháireacha Mháire sa dráma agus ar an tionchar a bhí acu uirthi.

An Freagra

(i)

Liam

Ba é Liam an duine ba shine sa chlann. Dá n-oibreodh cúrsaí amach faoi mar a bhí <u>beartaithe</u>[1] ag a mháthair, bheadh sé féin 'i mbun na feirme' agus gheobhadh sé an fheirm nuair a bheadh a mháthair <u>ar shlí na fírinne</u>[2].

Ba é Liam a thug Máire go dtí an rince an oíche ar casadh Pádraig Mac Cárthaigh uirthi, ach níor thug sé aire ar bith dá dheirfiúr an oíche sin. Chaith sé a chuid ama i gcuideachta Bheití de Búrca.

Nuair a cuireadh ceist air, os comhair na cúirte, faoi imeachtaí na hoíche sin, níor ghlac sé <u>freagracht</u>[3] ar bith as imeachtaí na hoíche sin. "Ní ormsa is cóir aon phioc den <u>mhilleán</u>[4] a chur," a dúirt sé.

Ba chuma leis faoinar tharla dá dheirfiúr an oíche sin. Nuair a dúradh leis, os comhair na cúirte, nár thug sé aire cheart dá dheirfiúr, ní raibh de fhreagra aige ar an méid sin ach: "Ní mise a <u>coimeádaí</u>[5]." Agus, nuair a dúradh leis gur fhág sé a dheirfiúr 'gan pháirtí' an oíche sin, dúirt sé: "Níl a fhios agam cad a tharla an oíche sin agus ní theastaíonn uaim a fhios a bheith agam."

Ba dhuine fíorlag é Liam. Bhí sé <u>faoi bhois an chait</u>[6] ag a mháthair agus ní raibh sé in ann seasamh ar a chosa féin agus an fhírinne a insint. Bhíodh sé de nós aige <u>éalú</u>[7] amach an fhuinneog istoíche chun bualadh le Beití de Búrca agus <u>d'admhaigh sé</u>[8] dá dhearthár, Seán, nárbh fhiú dó a bheith ag siúl amach le Beití de Búrca agus é: "faoi smacht mo mháthar mar atáim."

Thuig sé go rímhaith gur duine <u>fimíneach</u>[9] <u>béalchráifeach</u>[10] í a mháthair. Is léir sin ón méid seo a leanas a dúirt sé le Seán:

"Níl uaithi ach go léifí ar fhógra a báis: " Cailleadh Máiréad Bean Uí Chathasaigh. Ise ba mháthair do Sheán Ó Cathasaigh, sagart paróiste... agus don Mháthair Columbán le Muire, <u>misiúnaí</u>[11] san Afraic."

Níor ghlac Liam trua ar bith do Mháire an oíche a fuair an mháthair amach go raibh sí ag iompar clainne[12]. Ní hamháin nár chosain sé í, ach ghoin[13] sé go mór í, nuair a dúirt sé: "Tá an oíche loite agat orm."

Agus ar deireadh thiar, nuair a bhí sé ina sheasamh le taobh na huaighe, dúirt sé gurbh ise ba chúis le briseadh a chleamhnais le Beití de Búrca:

"Bhris Beití an cleamhnas a rinneadh dúinn. Níor fhéad sí an phoiblíocht a sheasamh."

(ii)
Seán
Ba é Seán an deartháir ab óige sa chlann. Ábhar sagairt[14] a bhí ann agus ba é sin an plean a bhí ag a mháthair dó. Cé go mbeadh an léitheoir ag súil go mbeadh carthanacht[15], críostaíocht[16] agus macántacht[17] ag baint le duine a mbeadh gairm bheatha[18] an tsagairt i ndán dó[19], is beag rian[20] de na tréithe sin a bhí ag baint leis.

Cuirtear in iúl dúinn go luath sa dráma gur thuig Seán go maith go raibh a mháthair i bhfad ródhian ar a cuid páistí – agus ar Mháire ach go háirithe.

Mar shampla, dúirt sé le Liam: "Níl aon réasún le Mam."

Agus, tamall ina dhiaidh sin, dúirt sé: "Tá Mam ródhian uirthi…ach is déine[21] í ar Mháire ná ar an mbeirt againne."

Ní raibh muinín[22] ar bith ag an máthair as Liam ná as Máire, ach bhí lánmhuinín aici as Seán. Faoi mar a dúirt sí féin: "A Sheáin, is tusa an t-aon duine amháin a bhfuil muinín agam as."

Duine mímhacánta ba ea Seán. Mar shampla, bhíodh sé ag iarraidh imprisean[23] a dhéanamh ar a mháthair (e.g. ag déanamh staidéir ar a chuid leabhar nuair a bhíodh sise i láthair), ach, ag an am céanna, bhí a fhios aige go mbíodh Liam agus Máire ag éalú amach an fhuinneog istoíche. Ní hamháin sin, ach thairg sé[24] an doras a oscailt do Liam oíche amháin nuair a bhí sé i gceist aige dul amach an fhuinneog.

Ní dhearna Seán iarracht ar bith a dheirfiúr a chosaint. Faoi mar a dúradh leis, os comhair na cúirte, sceith sé uirthi[25] nuair a bhí a mháthair a cheistiú.
D'inis sé di go mbíodh Máire tinn go minic ar maidin agus nach mbíodh sí ag dul chun na Faoistine ná chun na Comaoineach.

Ní raibh mórán de dhifríocht idir Seán agus a mháthair. Bhí an bheirt acu béalchráifeach agus bhíodh imní orthu faoi thuairimí na gcomharsan.

Ar deireadh thiar, cuireadh in iúl go soiléir dúinn go raibh caighdeáin dhúbailte[26] ag baint le Seán. Dúirt sé go raibh an ceart ag a mháthair a bheith dian ar Mháire. "Chiontaigh sí," a dúirt sé. Agus, nuair a bhí sé ina sheasamh le taobh na huaighe, dúirt sé:

"Náirigh sí sinn. Bhí orm éirí as an tsagartóireacht."

Gluais

1.	planned	14.	student for the priesthood
2.	dead	15.	charity
3.	responsibility	16.	christianity
4.	blame	17.	honesty
5.	keeper	18.	vocation
6.	under control	19.	in store for him
7.	to escape	20.	trace
8.	he admitted	21.	stricter
9.	hypocritical	22.	trust
10.	sanctimonious	23.	impression
11.	missionary	24.	he offered
12.	pregnant	25.	he betrayed her
13.	hurt	26.	double standards

Ceist 16: Lochtanna ar an Dráma

'Cé gur dráma den scoth é *An Triail*, níl sé gan locht.' An ráiteas sin a phlé.

An Freagra
Níl aon amhras ach gur dráma den scoth é 'An Triail', sa mhéid is go n-éiríonn thar cionn leis an drámadóir, Máiréad Ní Ghráda, na téamaí lárnacha[1] – cás Mháire (an mháthair aonair) agus fimíneacht[2] mhuintir na hÉireann – a léiriú go cruinn soiléir.

Níl an dráma seo gan a chuid lochtanna, áfach, sa mhéid is:
(i) go bhfuil sé áiféiseach[3] in áiteanna;
(ii) go gcuireann sé mearbhall[4] orainn ó thaobh chúrsaí ama de.

(i) Áiféis
Gné[5] áiféiseach de chuid an dráma seo ná an méid comhtharluithe[6] atá ann. Is iad seo a leanas cuid díobh:

- Chomh luath is a thiteann an teach lóistín anuas ar na daoine, cé a shiúlann thar bráid[7] ach Máire Ní Chathasaigh!
- Agus nach iontach go deo an comhtharlú é gur theith[8] an bhean lóistín ón teach lena cuid páistí féin agus go ndearna sí dearmad glan ar Phádraigín, leanbh Mháire!
- A fhad is atá Máire bhocht ina suí ar leataobh na sráide agus an leanbh lena baclainn[9], cé a thagann go dtí an áit ach Seáinín an Mhótair!
- Díreach ansin tagann Mailí!
- Níos faide anonn sa dráma, tagann iontas ar an lucht féachana nuair a chastar Colm Ó Sé agus Máire Ní Chathasaigh ar a chéile ar an tsráid i mBaile Átha Cliath!
- Ach is dóigh liom gurb é an comhtharlú is dochreidte[10] ar fad ná c uairt Phádraig Mhic Cárthaigh agus Choilm Uí Shé ar 'theach an mhí-chlú' – an teach a bhfuil Máire féin ar lóistín ann!

Is fíor go dtarlaíonn cuid mhór comhtharluithe sa saol i gcoitinne, ach, ag an am céanna, is deacair a chreidiúint go dtarlódh an méid sin díobh taobh istigh d'achar beag ama[11] – go háirithe an chuairt a thug Pádraig agus Colm ar theach lóistín Mháire Ní Chathasaigh – teach an mhí-chlú!

(ii) Mearbhall

Cuireann an dráma seo mearbhall orainn ó thaobh chúrsaí ama agus leanúnachais[12] de freisin.

Insítear dúinn gur casadh Máire Ní Chathasaigh agus Pádraig Mac Cárthaigh ar a chéile i mí na Bealtaine – "Oíche Bhealtaine," arsa Pádraig. "Oíche mar seo, a Mháire, cuireann sí maoithneas[13] orm…"

Más fíor gur casadh an bheirt ar a chéile i mí na Bealtaine, bheadh sé réasúnta go leor a bheith ag ceapadh go raibh an leanbh ag Máire i mí Feabhra nó tamall gairid ina dhiaidh sin. Agus insítear dúinn gur fhan Máire sa teach lóistín ar feadh ráithe[14] – go dtí gur thit an teach anuas uirthi i mí na Márta! Dochreidte! Déantar tagairt do mhí na Márta faoi dhó, ar a laghad, sa dráma (Aturnae 2: "Mar sin féin thug tú an bóthar di i mí na Márta"; Bean Oibre 1: "Nach bhfuil a fhios ag an saol gur thit an teach anuas i mí na Márta?).

Má chaith Máire trí mhí sa teach lóistín Mhailí agus má bhí sí ag obair sa mhonarcha ar feadh trí mhí, cén chaoi a bhféadfadh an timpiste a bheith aici i mí na Márta? An é go raibh an leanbh aici cúpla mí roimh am?

Tá cúrsaí leanúnachais bunoscionn sa dráma seo, mar sin!

Mar sin, cé gur fíor gur dráma den scoth é 'An Triail', sa mhéid is go n-éiríonn thar cionn leis an drámadóir an téama lárnach a léiriú go cruinn soiléir, níl an dráma seo gan a chuid lochtanna.

Gluais

1.	central themes
2.	hypocrisy
3.	far-fetched
4.	confusion
5.	aspect
6.	coincidences
7.	past
8.	fled
9.	in her arms
10.	incredible
11.	short period of time
12.	continuity
13.	sentimentality
14.	three months

Ceist 17: 'Rialacha' a briseadh

(**Máire, Máthair Mháire, Pádraig**

An Cheist

Léiriú **gairid** uait ar na 'rialacha' a briseadh sa dráma, 'An Triail'.

An Freagra

I gcomhthéacs[1] na ceiste seo is éard atá i gceist le 'rialacha' ná gnásanna na sochaí[2], agus níl ceist ar bith faoi ach gur bhris cuid mhór de phearsana an dráma seo 'rialacha' na sochaí, go háirithe Máire Ní Chathasaigh (an príomhcharachtar), Máiréad Bean Uí Chathasaigh (máthair Mháire) agus Pádraig Mac Cárthaigh (an máistir scoile).

Máire Ní Chathasaigh

Cailín óg soineanta[3], gan mórán taithí aici ar bhealaí an tsaoil, is ea Máire Ní Chathasaigh nuair a chastar orainn i dtosach báire í. Ach ní fada go dtagann deireadh leis sin.

• Is í an chéad riail a bhriseann sí ná dul amach i gcomhluadar[4] fir phósta chomh luath is a thugann a máthair cead di dul chuig rince. Agus, ar ndóigh, ní hamháin go gcaitheann sí a lán ama i gcomhluadar an fhir sin – ach is léir go mbíonn comhriachtain rialta[5] aici leis freisin.

• Go gairid ina dhiaidh sin is léir go bhfuil sí ag iompar[6] – agus riail eile de chuid na sochaí briste aici.

• De thoradh na rialacha sin a bheith briste ag Máire, briseann sí rialacha eile freisin: diúltaíonn sí[7] scaradh leis[8] an bhfear nuair a iarrann an sagart uirthi é sin a dhéanamh; ní théann sí chun faoistine[9] a thuilleadh ná ní ghlacann sí Comaoineach[10] ach oiread.

• Nuair a thagann deireadh leis an tréimhse a chaitheann Máire sa Teach Tearmainn, téann sí glan in éadan 'rialacha' na n-údarás[11] nuair a dhiúltaíonn sí a leanbh a chur faoi altram[12]. (Cé gur i gcoinne na 'rialacha' a théann Máire sa chás seo, tá a fhios againn nach laige é seo ina carachtar in aon chor – ach bua – bua an mhisnigh[13] agus an ghrá.)

• Briseann Máire rialacha eile freisin nuair a insíonn sí bréaga. Nár thug sí 'Máire Ní Bhriain' uirthi féin nuair a bhí sí i dteach Bhean Uí Chinsealaigh? Agus nár thug sí 'Bean Uí Laoire' uirthi féin nuair a bhí sí ag obair sa mhonarcha? Agus nár inis sí do gach duine gur bhaintreach[14] í?

• Agus, ar ndóigh, tuigimid go ndearna sí 'gníomh gránna danartha'[15] nuair a mharaigh sí a leanbh agus nuair a chuir sí lámh ina bás féin.

Tuigeann an léitheoir (an lucht féachana), áfach, gur duine maith í Máire agus gur leasc[16] léi rialacha na sochaí a bhriseadh.

Máiréad Bean Uí Chathasaigh

Bean thiarnúil[17] cheartaiseach[18] ba ea máthair Mháire. Thóg sí a cuid páistí de réir rialacha na hEaglaise. Deireadh sí an Choróin Mhuire[19] in éineacht leo um thráthnóna agus bhí plean saoil leagtha amach aici do gach aon duine díobh. Bheadh Seán ina shagart, Máire ina bean rialta agus Liam, an mac ba shine, i mbun na feirme.

Ach, ma ba bhean 'chríostaí'[20] í, bhí fimíneacht[21] láidir ag baint léi freisin. Feicimid an fhimíneacht sin sna rialacha a bhris sí:
• Chomh luath is a fuair sí amach go raibh a hiníon ag iompar rinne sí iarracht an ghin[22] a bhí ina broinn[23] a mharú.
• In ionad grá críostaí a thaispeáint dá hiníon chaith sí amach as an teach í agus thréig sí go deo í.
• Ar deireadh thiar, nuair a bhí an dráma thart, níor ghlac sí freagracht[24] ar bith as a cuid gníomhartha[25] féin: "Ná féachaigí ormsa. Thóg mise í go creidiúnach[26] agus go críostúil."

Is léir don léitheoir go mbeadh críoch dhifriúil ar shaol Mháire dá léireodh a máthair grá críostaí di nuair a bhí sí i gcruachás.

Pádraig Mac Cárthaigh

Duine eile a bhris na rialacha ná Pádraig Mac Cárthaigh. Duine leithleach[27] santach[28] ba ea é. Bhris sé cuid mhór rialacha gan amhras:
• Fiú amháin nuair a bhí sé sa choláiste sagartóireachta bhris sé na rialacha. Caitheadh amach é toisc gur rugadh air ag caitheamh toitín.
• Thosaigh sé ag siúl amach le cailín óg, cé go raibh sé pósta cheana féin. Bhí sé mídhílis[29] dá bhean chéile ar bhealach eile freisin – nuair a labhair sé le Máire faoi na fadhbanna príobháideacha a bhí aici.
• Níor léirigh sé dílseacht ar bith dá bhean chéile.
• Duine plámásach[30] mealltach[31] ba ea é agus d'éirigh leis an bhean óg a mhealladh toisc na tréithe sin a bheith aige.
• Thréig sé Máire chomh luath is a fuair sé amach go raibh sí ag iompar. Agus, nuair a fuair sé amach, ar deireadh thiar, go raibh iníon acu le chéile, thréig sé an mháthair agus an iníon ar aon.

Ar ndóigh, níor tháinig de thoradh[32] na rialacha a bhris Pádraig ach cruatan[33] agus tragóid[34] i saol Mháire ina dhiaidh sin.

Tá cuid mhór samplaí de bhriseadh rialacha sa dráma seo, mar sin. Baineann siad go léir le fimíneacht mhuintir na hÉireann sa dara leath den fichiú haois agus níor tháinig de thoradh orthu ach cruatan agus fulaingt[35].

Gluais

1. context
2. norms of society
3. innocent
4. company
5. regular sexual intercourse
6. pregnant
7. she refuses
8. to part with him
9. to confession
10. Holy Communion
11. of the authorities
12. fosterage
13. of courage
14. widow
15. barbarous
16. reluctant
17. domineering
18. self-righteous
19. Rosary
20. christian
21. hypocrisy
22. foetus
23. womb
24. responsibility
25. actions
26. respectable
27. selfish
28. greedy
29. disloyal
30. flattering
31. deceptive
32. as a result
33. hardship
34. tragedy
35. suffering

Ceist 18: Seáinín an Mhótair agus Bainisteoir na Monarchan

Cuntas **gairid** uait ar an bpáirt a bhí ag (i) Seáinín an Mhótair agus ag (ii) Bainisteoir na Monarchan sa dráma **agus** ar an mbaint a bhí acu le Máire Ní Chathasaigh.

An Freagra

(i)

Seáinín an Mhótair

Is sa Teach Tearmainn a chastar Seáinín an Mhótair orainn den chéad uair. Duine deas é Seáinín, agus tá sé tagtha chun beartáin éadaigh[1] a bhailiú. Fear beag meánaosta is ea é agus, cé go bhfuil cuma ainnis[2] feoite[3] air, cuireann na mná fáilte roimhe, mar ní rómhinic a thagann fear chun na háite.

Tosaíonn na mná ag spochadh as[4] agus ag magadh faoi, ach ní le drochmhéin[5] a dhéanann siad é sin. Is maith leo Seáinín. 'Elvis Presley na nGael' a thugann siad air!

Ní fada go dtugann Seáinín faoi deara go bhfuil bean óg chiúin tuaithe – Máire Ní Chathasaigh – san áit; agus is léir go bhfuil meas aige uirthi. "Cailín deas tusa," a deir sé, "cailín deas óg. Nóinín[6] i measc na neantóg[7]."

Tá Seáinín ar an mbeagán daoine sa dráma a léiríonn trua ar bith do Mháire.

Castar air arís ar thaobh na sráide í, nuair a thiteann an teach anuas ar mhuintir an tí. Tagann déistin[8] agus fearg air nuair a fheiceann sé nach bhfuil duine ar bith sásta cabhrú léi. "Cé a deir gur tír chríostaí é seo?" a fhiafraíonn sé de na mná agus tugann sé leis sa charr í.

Ach, ag deireadh an dráma, cé go bhfuil go bhfuil a fhios againn go bhfuil Seáinín i bhfad níos fearr, mar dhuine, ná cuid mhór eile de phearsana an dráma, cuireann sé an milleán[9] ar Mháire féin, díreach mar a dhéanann na daoine eile:

"Bhris sí na rialacha. An té a bhriseann rialacha an chluiche cailltear ann é," a deir sé.

(ii)
Bainisteoir na Monarchan

Duine <u>cineálta</u>[10] is ea bainisteoir na monarchan agus caitheann sé go deas le Máire Ní Chathasaigh. Tá sé ar an mbeagán daoine sa dráma a léiríonn trua ar bith di.

Glacann sé trua don bhean óg a thagann isteach chuige ag rá gur <u>baintreach</u>[11] í agus go bhfuil leanbh aici. Tugann sé post di sa mhonarcha ag glanadh na leithreas. Ní jab ró-iontach é, ach íocann sé go maith í – rud nach gá dó a dhéanamh.

Trí mhí ina dhiaidh sin, nuair a theipeann ar Mháire teacht isteach chun na hoibre, cuireann sé banaltra chuici le féachaint ina diaidh.

Agus, nuair a dhéanann na hoibrithe bailiúchán airgid do Mháire, tugann an bainsteoir féin bronntanas di – agus ní dhéanann sé <u>maíomh</u>[12] ar bith as as an méid sin ach oiread. Faoi mar a deir sé féin: "Thug mé rud beag éigin di. <u>Ba é ba lú ba ghann dom a dhéanamh.</u>"[13]

Anuas air sin, molann sé Máire i ngeall ar <u>chaighdeán</u>[14] a cuid oibre sa mhonarcha: "Rinne sí a cuid oibre go sásúil," a deir sé.

Mar fhocal scoir, mar sin, is duine deas é an bainisteoir agus caitheann sé go cineálta le Máire Ní Chathasaigh.

Gluais

1.	parcels of clothes
2.	wretched
3.	withered
4.	teasing him
5.	ill will
6.	daisy
7.	nettles
8.	disgust
9.	blame
10.	kind
11.	widow
12.	boasting
13.	it was the least I could do
14.	standard

Ceist 19: Léiriú Diúltach ar an Saol in Éirinn

"Déantar léiriú <u>an-diúltach</u>[1] ar an saol in Éirinn sna seascaidí sa dráma seo."
An ráiteas sin a phlé

An Freagra

Aontaím go huile is go hiomlán leis an ráiteas thuas. Níl dabht ar bith faoi ach
gur léiriú an-diúltach a fhaighimid sa dráma 'An Triail' ar an saol in Éirinn sna
seascaidí. Tá an dráma suite ag tús na seascaidí agus ba mhór go deo an difríocht
a bhí idir tús agus deireadh na seascaidí. Sna blianta tosaigh bhí an <u>seanréimeas</u>[2]
fós faoi lán seoil agus bhí cúrsaí sóisialta agus cúrsaí cultúrtha gan athrú ó aimsir
an chogaidh.

Mar is eol do chách um an dtaca seo, tharla <u>réabhlóid</u>[3] de chineál éigin tamall
roimh dheireadh na seascaidí, a <u>phléasc</u>[4] an seanréimeas agus gach ar bhain leis
ina smidiríní. Tá <u>macallaí an phléasctha</u>[5] fós le cloisteáil daichead éigin bliain
níos faide anonn.

Mhair Máire Ní Chathasaigh i <u>sochaí</u>[6] a bhí go mór faoi <u>anáil</u>[7] na heaglaise
Caitlicí agus an <u>choimeádachais iarchogaidh</u>[8]. Ní rabhathas sásta glacadh le
máthair neamhphósta sa tsochaí <u>chúngaigeanta</u>[9] sin agus is é sin bun agus barr
na <u>tragóide</u>[10] a léirítear dúinn in 'An Triail'. Bhris Máire na rialacha i ngan fhios
di féin. Ní raibh inti ach cailín bocht, <u>saonta</u>[11], ach lig sí d'fhear pósta
neamhscrupallach dul i bhfeidhm uirthi. Bhí <u>caidreamh collaí</u>[12],
<u>neamhdhlistineach</u>[13] aici le máistir scoile i bparóiste beag <u>iargúlta</u>[14] agus ní
bheadh ach <u>buaiteoir</u>[15] amháin ann nuair a thiocfadh deireadh leis an
gcaidreamh sin.

Tugadh bata agus bóthar do Mháire bhocht. Nuair nach raibh sí sásta fáil réidh
leis an <u>ngin</u>[16], <u>bhí a port seinnte</u>[17]. Bhí Máire <u>ceanndána</u>[18]. Theastaigh uaithi a
leanbh a thabhairt ar an saol agus í a choimeád agus <u>tabhairt suas</u>[19] cheart a
thabhairt di. B'in an chaoi ar bhris sí na rialacha. Ní raibh sí sásta <u>géilleadh</u>[20]
d'<u>údarás</u>[21] a máthar, d'údarás na heaglaise ná d'údarás na sochaí. Bhí Máire <u>beag
beann ar</u>[22] dhearcadh na gcomharsan ina leith.

Fágann Máire a háit dúchais agus tugann sí aghaidh ar Bhaile Átha Cliath. Saol
nua-aimseartha agus daoine le <u>dearcadh dearfach</u>[23], <u>leathanaigeanta</u>[24] roimpi
ansin? Beag an baol! Ní raibh difríocht ar bith idir meon na ndaoine sa
phríomhchathair agus meon na ndaoine ina ceantar dúchais. Iad araon
<u>doicheallach</u>[25], <u>naimhdeach</u>[26], <u>neamhfháilteach</u>[27]. Ní dhearna siad iarracht ar
bith cuidiú le Máire bhocht ina <u>cruachás</u>[28]. Níor léirigh siad trua ná <u>taise</u>[29] di,

ach rinne siad chuile iarracht í a imeallú[30] agus constaicí[31] a leagan sa bhealach roimpi. Nuair nach raibh sí sásta a leanbh a chur ar altram[32], tugadh droim láimhe[33] di.

Ag deireadh an dráma feicimid go bhfuil Máire fágtha ina haonar lena leanbh iníne. Tá sé íorónta[34] gurb í Mailí, an striapach[35], an t-aon chara amháin a sheasann an fód léi[36] agus a thugann bheith istigh[37] di nuair a bhíonn Máire bhocht gan dídean[38]. B'ionann[39] cailín torrach[40] neamhphósta agus striapach, ar aon chaoi, i súile na sochaí cúngaigeanta a bhí in Éirinn ag an am sin. Ní raibh tuiscint dá laghad ag lucht na bréagchráifeachta[41] ná ag lucht na bréagmhóráltachta[42] ar chás an chailín aonair a bhí ag iompar clainne. B'ionann í agus bean sráide a tharraing míchlú[43] agus náire ar an bpobal.
Sochaí phaitriarcach[44] a bhí fós i réim in Éirinn ag an am sin agus ní raibh cloiste fós ag éinne faoi shaoirse na mban, is léir. Bhí an chumhacht[45] go léir i lámha na bhfear. Níl le déanamh againn ach breathnú ar Phádraig Mac Cárthaigh agus ar Cholm Ó Sé chun fírinne an ráitis sin a chruthú. Ní raibh meas madra ag ceachtar acu[46] ar dhínit[47] na mban agus bhí Pádraig, ach go háirithe, garbh, brúidiúil[48], bréagach[49] agus neamhscrupallach[50]. Anuas air sin, bhí sé ina fhimíneach[51] mínáireach[52].

Ag deireadh an dráma, cuireann Máire a leanbh iníne chun báis ionas nach mbeidh sí "ina hóinsín bhog ghéilliúil[53] ag aon fhear." Ansin cuireann sí lámh ina bás féin. Bhí sí cloíte[54] go huile is go hiomlán ag an tsochaí agus ag an gcineál saoil a bhí i bhfeidhm in Éirinn ag an am sin. Ní fhéadfadh sí na fórsaí dorcha a cuireadh ina coinne a shárú[55]. Ní fhéadfadh sí an íomhá[56] dhiúltach, shalach, neamhghlan a bhí greamaithe di a chaitheamh uaithi. Bhí uirthi géilleadh agus d'fhulaing sí dá réir[57]. Agus ní raibh 'cumhacht na mbláth', 'saoirse na mban', 'saorghrá' agus Woodstock ach timpeall an chúinne uaithi, mar a déarfá.

Ach bhí sé ródhéanach do Mháire bhocht nuair a tharla na hathruithe réabhlóideacha[58] sin. Is mór idir inné agus inniu i saol an duine.

Gan amhras ar bith déantar léiriú an-diúltach go deo ar shaol na tíre seo in 'An Triail'. Ach is léiriú fírinneach, cróga atá ann, a leagann méar ar dhoicheall[59] agus ar easpa carthanachta críostaí[60] i leith cailíní aonair a bhí ag iompar clainne ar nós Mháire. Ní raibh Máiréad Ní Ghráda ach ag nochtadh[61] na fírinne dúinn trí mheán Mháire Ní Chathasaigh agus caithfear a admháil gur éirigh go han-mhaith léi. Mar a deir an seanfhocal 'Bíonn an fhírinne searbh' agus, i gcás Mháire, ní hamháin go raibh sí searbh, ach bhí sí fíorghránna freisin.

Gluais

1.	very negative	32.	fosterage
2.	old order	33.	rejection
3.	revolution	34.	ironic
4.	exploded	35.	prostitute
5.	the echoes of the explosion	36.	who stands by her
6.	society	37.	temporary lodgings
7.	influence (breath)	38.	shelter
8.	post-war conservatism	39.	same
9.	narrow-minded	40.	pregnant
10.	tragedy	41.	sanctimoniousness
11.	naive/gullible	42.	false morality
12.	sexual relationship	43.	ill repute
13.	forbidden	44.	patriarchal society
14.	remote	45.	power
15.	winner	46.	either of them
16.	foetus	47.	dignity
17.	she was in dire straits	48.	brutal
18.	stubborn	49.	false
19.	upbringing	50.	unscrupulous
20.	give in	51.	hypocrite
21.	authority	52.	shameless
22.	disinterested in	53.	soft submissive little fool
23.	positive	54.	overcome
24.	broadminded	55.	to overcome
25.	having ill will	56.	image
26.	hostile	57.	she suffered accordingly
27.	unwelcoming	58.	revolutionary changes
28.	predicament	59.	hostility
29.	compassion	60.	christian charity
30.	marginalise	61.	revealing
31.	obstacles		

Ceisteanna ó Pháipéir Scrúdaithe

1. "Ní éiríonn leis an dráma seo toisc nach bhfuil aon inchreidteacht ag baint leis an bplota ann." É sin a phlé.
(Páipéar Samplach – An Roinn Oideachais agus Eolaíochta)

2. Inis cad é príomhthéama an dráma seo, agus scríobh tuairisc ar an bhforbairt a dhéantar ar an bpríomhthéama sin i rith an dráma.
(Scrúdú na hArdteistiméireachta 1997)

3. Scríobh tuairisc ar an bpáirt a ghlacann do rogha beirt díobh seo thíos sa dráma, agus ar an mbaint atá acu leis an bpríomhphearsa: Pádraig; an mháthair; Mailí. (Scrúdú na hArdteistiméireachta 1997)

4. "Dráma ina gcuirtear ceisteanna crua faoi shaol na hÉireann é *An Triail*." É sin a phlé i gcás do rogha dhá cheann de na "ceisteanna crua" sin. (Scrúdú na hArdteistiméireachta 1998)

5. Scríobh tuairisc ar dhá cheann de na coimhlintí atá sa dráma seo idir na pearsana difriúla. (Scrúdú na hArdteistiméireachta 1998)

6. "Briseadh rialacha, sárú geasa is bun le tragóid go traidisiúnta." Déan trácht ar dhá cheann de na rialacha a briseadh agus ar an gcaoi a gcabhraíonn briseadh na rialacha seo le gné na tragóide a léiriú sa dráma seo. (Scrúdú na hArdteistiméireachta 1999)

7. Déan plé ar an bpáirt a ghlacann do rogha beirt díobh seo thíos sa dráma agus ar an mbaint atá acu leis an bpríomhphearsa: Seán Ó Cathasaigh, Bean Uí Chinsealaigh, Malaí, Seáinín an Mhótair.
(Scrúdú na hArdteistiméireachta 1999)

8. "Sa dráma seo scrúdaíonn an t-údar dearcadh mícharthanach an phobail ar mháithreacha aonair." É sin a phlé.
(Scrúdú na hArdteistiméireachta 2000)

9. Luaigh agus déan plé ar phríomhbhua amháin agus ar phríomhlaige amháin a bhaineann leis an dráma seo, dar leat.
(Scrúdú na hArdteistiméireachta 2000)

10. "Mharaigh mé mo leanbh de bhrí gur cailín í. Tá sí saor. Ní bheidh sí ina hóinsín bhog ghéilliúil ag aon fhear." Déan plé ar an bpáirt a ghlacann na fir sa dráma seo agus ar an léiriú a dhéantar orthu.
(Scrúdú na hArdteistiméireachta 2001)

11. Déan trácht ar an tragóid a léirítear sa dráma seo agus ar an gcaoi a gcuirtear an tragóid sin os ár gcomhair.
(Scrúdú na hArdteistiméireachta 2001)

12. 'Is iomaí riail a briseadh sa dráma seo.' Déan plé gairid ar an bpáirt a ghlacann briseadh rialacha sa dráma seo maidir le **dhá cheann** de na rialacha úd. (Scrúdú na hArdteistiméireachta 2002)

13. Déan plé gairid ar an gcodarsnacht a bhí idir an bheirt charachtar, Bean Uí Chathasaigh (máthair Mháire) agus Mailí (an striapach). Déan tagairt speisialta don tionchar a bhí acu ar phríomhimeachtaí an dráma.

(Scrúdú na hArdteistiméireachta 2002)

14. Scríobh tuairisc ghairid ar an bpáirt a ghlacann do rogha beirt de na pearsana seo sa dráma agus ar an gcaoi a gcuireann siad le cur chun cinn an phlota: Mailí, Bean Uí Chathasaigh, Áine Ní Bhreasail.

(Scrúdú na hArdteistiméireachta 2003)

15. Déan plé gairid ar a éifeachtaí is a chuirtear an choimhlint agus an teannas os ár gcomhair sa dráma seo.

(Scrúdú na hArdteistiméireachta 2003)

16. "Is iad na mionphearsana is mó a léiríonn suáilcí agus duáilcí an duine sa dráma seo." Déan plé ar an ráiteas sin i gcás do rogha **beirt** de na mionphearsana seo a leanas: Bean Uí Chinsealaigh; Mailí; Liam Ó Cathasaigh; Seáinín an Mhótair.

(Scrúdú na hArdteistiméireachta 2004)

17. Déan plé ar an gcaoi a n-éiríonn (nó nach n-éiríonn) leis an údar an choimhlint ghéar atá in intinn Mháire a chur i gcion ar an lucht féachana.

(Scrúdú na hArdteistiméireachta 2004)

18. "I gcás na príomhphearsan Máire Ní Chathasaigh, sa dráma seo, d'fhéadfaí a rá gur uirthi féin atá cuid mhór den locht sa chríoch thragóideach a bhí uirthi." Déan plé ar an ráiteas sin.

(Scrúdú na hArdteistiméireachta 2005)

19. "Is léiriú an-diúltach ar an saol in Éirinn sna seascaidí a chuirtear os ár gcomhair sa dráma seo." Déan plé ar an ráiteas sin maidir leis an dráma.

(Scrúdú na hArdteistiméireachta 2005)

Nótaí

Eochair fhocail

tragóid	tragedy
fimíheacht	hypocracy
slíomadóir	pedophile
mná Rialta	NUN
fianaise	evidence
ciontach / neamhciontach	guilty / not guilty
peaca	SIN

Nótaí

Nótaí